小説は君のためにある

よくわかる文学案内

藤谷治 Fujitani Osamu

JN178699

★──ちくまプリマー新書

309

目次 * Contents

イラスト◎ささめやゆき

はじめに

これから、小説について考えていこうと思います。

小説というものがあることは、誰でも知っている。どんなものか、ということも、たいていの人は知ってるんじゃないだろうか。みんな少なくとも、なんとなくはわかっている。読み物だ。読んだことのある人も多い。だけど、小説なんか読んでなんになるのか、と思う人も、けっこういるんじゃないかと思うんである。小説を読んだところで、何か得することでもあるのか。なんで小説なんてものがあるのか。

損か得か、なんていう言い方をすれば、なんだか、どんなことにも利益を求めるケチ臭い品定めのようだけれども、言葉を変えればそれは、こういう疑問だ。

小説を読むことは、自分の人生にとって、どんな役割を持っているのか。

そもそも、小説が人生に、何かの役に立つだろうか。


役に立つ。

これからその話を、ここに書く。

そのために、この本では、小説というのがどんなものなのかを考える。

なぜなら、小説という読み物が、どんなものかが明らかになれば、それを読む意味も、同時にわかってくるからだ。

小説は、ほかの読み物にはない特性を持っている。

小説が、僕や君の人生に意味を持ち、役割を持っているのは、その特性のためなのだ。


小説が、たとえば、「知らないことを勉強できる」とか、「人と同じものを読んでおけば話題になる」とか、「情報を取り込める」とか、そんなことのために役に立つと、僕は考えていない。そういう意味で役に立つ小説もあるだろうけれど、そんな役立ち方は小説でなくてもありうるし、安っぽい。

小説は、君が君であることにとって重要なものを与えてくれる。人と比べてどうだとか、情報量の多い少ないとか、そんなミミッチイことじゃない。小説は君が物を考える幅を広げ、人を見つめる力を養い、独自の判断力や価値観を作り上げるのを助ける。

何より、小説には、君が君について考えるヒントがある。

小説という文章の持っている特性は、読む人間を自然とそのように導いていくものを持っているのだ。

もちろん小説といっても広い。すぐれた小説もあれば、くだらない小説もある。

それは、個々の小説が、小説の特性をどれくらい活用できているかの違いだと思う。

そして「どれくらい活用できているか」を判断するのは、一人ひとりの読者だ。それで同じ小説でも、評価が違ってくる。

この文章ではこれから、小説の特性と、それが小説を読む君にとってどのような役割を持ち、君にとってどんな可能性を持っているかを考えていく。

なお、ここまでの文章の感じですでにばれているかもしれないが、僕はこれを君に読んでもらいたくて、アガッている。君はこれを読んでくれるだろうか。付き合ってくれるだろうか。好きな人に手紙を渡すような気持ちで書いている、といっても過言ではない（過言ではない、とかいってるよ俺）。

なるべく肩の力を抜いて、わかりやすく書いていこうと思います。

第一章　文学とはなんだろう

その1　文学を乱暴に定義する

小説は文学の一種だ。

文学には小説のほかにも、いろいろな種類がある。世間でなんとなく「文学」といわれているものだけでも、詩やエッセイ、戯曲やノンフィクションなど、さまざまにジャンル分けされている。

そこで小説について考える前に、まずは、じゃ文学というのはどんなものなのか、ということを考えておこう。

文学とは、書いた人間が読者を特定できない文章の総称である。

メールとか手紙、伝言のメモといった文章は、書いた人間が「特定の誰か」に向けて書くものだ。ほかの人に読ませるつもりはないし、原則的に、読まない。人の携帯を開いて、メールなんかを勝手に見る人がいるけど、あれはルールにもマナーにも反している。

日記やスケジュールみたいに、自分が読むためだけに、あるいは、ただ書きたいから書く文章もある。

こういう文章は、「書いた人間が特定した読者」のための文章だ。原則的には。

それ以外の文章は、全部、文学である。

僕は今、実に乱暴なことをいっている。

まず、本や雑誌、新聞など、印刷されて販売されるために作られた媒体（メディア）に書かれた文章は、そこに文章を書いた人間が、「この人（たち）だけのために」「ほかの人には読ませない」と、読者を特定することができない。だからメディアに発表された文章は、全部文学だ。そう僕はいっている。

これだけでも充分、乱暴。

それだけではない。

本や雑誌より、ずっと大規模なメディアに、文章は書かれている。

もちろんそれは、インターネットだ。インターネット上に書かれた文章は、よほど厳重にグループ間の秘密保持でもされていない限り、文学である。世界中に拡散されているのだから。

こんにち、世界中で何億人もの人々が、ブログやソーシャル・ネットワーキング・サーヴィス（SNS）に、何かを書いている。僕も書いているし、君も書いている。

その書きこみは、ことごとく文学なのである。君はすでに、文学の書き手なのだ。

僕から、君はすでに文学を書いている、といわれて、君はどう受け止めただろう（なんかまだアガッてるな僕は）。

これでも、まだ足りない。まだある。

さっき僕は、「メールとか手紙、伝言のメモといった文章」、つまり特定の誰かにだけ読ませるための文章は、文学には含まれない、と書いた。

しかしそういう文章も、ほかの誰かが読めば、それは文学に、な、る、のだ。だってその

「ほかの誰か」というのは、まぎれもなく「書いた人間が特定」していなかった読者なんだから。君がAさんに送ったメールを僕が読めば、そのメールは文学になる。

なんだそれは！　と思うかもしれないけれど、そういう例はすでに、とても多いんである。太宰治《だざいおさむ》の手紙。中島敦《あつし》の手紙。カフカの雑記帳。そして、アンネ・フランクの日記。こういったものは、どれもプライヴェートな文章だが、本になり、太宰やカフカの思いもしなかった読者、たとえば僕、に読まれている（⇩つぶやき1）。そして僕の定義によるのではなく、世間的に、れっきとした文学として扱われている。メールも手紙も同じ。だからプライヴェートなメールも他人が読めば、それは文学。メールじゃなくても、メモ書きでも、お買い物リストでも、宿題の作文でも、他人の目に触れれば、それは文学なのだ。

おいおいおいおいおい。

聞こえない声が聞こえてくる。

いくらなんでも、その定義は大雑把すぎる。書いた人間が思ってなかった読者がいれば、その文章は軒並《のきな》み文学、となったら、インターネットに書かれたものは、匿名《とくめい》で書いた人の悪口や、気分で書きこんだ呟《つぶや》きまで、ことごとく文学ということになっちゃうじゃないか。そんなのおかしいだろ。

「あんな芸人テレビから消えろ」とか「バイトのシフト急に変えられた」とか、そんな文章、文学のうちに入るわけない。——と、いう人もいるかもしれない。

そう?

じゃ、「働きに行く人ばかりの電車」という文章はどうだ? 文学のうちに入る? 入らない? 「絵の書きたい児が遊びに来て居る」という文章は? 「ひどい風だどこ迄も青空」というのは?

この三つの文章は、すべて『尾崎放哉《ほうさい》全句集』からとったものだ。あの有名な、自由律俳句の尾崎放哉だ。「咳《せき》をしても一人」という俳句は、教科書にも載っているかもしれない。

「働きに行く人ばかりの電車」という文章は「自由律俳句」だから文学で、「バイトのシフト急に変えられた」は「呟き」だから文学じゃない、としたら、文学と文学じゃない文章を分け隔てるのは、なんなんだろう。

有名な尾崎放哉が呟けば文学で、匿名のバイトが呟いたら文学じゃないのか。本に載っていれば文学で、ネットの書きこみは文学じゃないのか。……と、こういうトゲのある言い方をすると、誰もが、いやそういうわけじゃないけどさ、と否定する。

そしてそのうちの誰かは、こう反論するのだ。バイトの呟きに較べて、放哉の俳句は「いい」のだ、と。

働きに行く人ばかりの電車。売られる羊のように、狭い車両に押しこめられて、毎日同じ時間に働きにいかなければならない人々。人間はなんのために生きているのか。そして、それを他人事としてただ眺めているだけの放哉は、人の世を捨て、人の世に捨てられた、流浪の俳人にすぎない。その孤独。働きに行く人ばかりの電車……。ああなんと素晴らしい名句だろう。

そうかもね。きっとそうなんだろう。

だけど僕や君は、この文章をそのように鑑賞しなければいけないと、強要されているわけじゃない。また誰もそんな強要を、僕や君にすることはできない。「働きに行く人ばかりの電車」？　なんだそれ。くだらない。そう感じる権利は誰にでもある。

同様に、「バイトのシフト急に変えられた」という文章に、あふれる哀愁や共感を覚えて、しみじみと味わうことだって、人にはできる。

そしてまた、ネットのように誰もが読める場所に書いた文章は、常に人から文学として批評され、批判される可能性も持っている。

自由なんだ、文学は。

この本のキー・ワードは「自由」である。

つぶやき1

フランツ・カフカ（1883〜1924）は、今では世界的な文豪みたいに扱われているが、生きているあいだはただの目立たないアマチュア小説家だった。保険協会に勤め、親の家で暮らし、短編集を何冊か出しただけの人だった。

友だちの多い人だった。友だちはみんな、カフカがずっと小説を書いていることは知っていた。時には未完成の原稿をみんなに読んで聞かせることもあった。

結核を悪くして、四十歳で亡くなってしまった。親友の一人、マックス・ブロートは、カフカの部屋に小説の書かれた原稿が山のように残っているのを見つけた。

その原稿の中に、メモが一枚あった。

「友よ。ここにある原稿は、すべて焼いてくれ」――そんな意味のことが書いてあった。

ブロートは焼かなかった。親友の遺言を裏切った。そして未完成の膨大な原稿を整理し、小説っぽくなるよう組み立て直し、勝手にタイトルをつけて出版した。

そしてカフカの原稿は読まれ、世界中に驚きと感動を与えた。

ブロートが親友の遺言を裏切らず、未発表の原稿がすべて焼き捨てられていたら、カフカというアマチュア作家は忘れられていただろう。今の日本で読まれることは、なおのこと少なかっただろう。小説のタイトルにも使われなかっただろうし、芸能人の芸名にもならなかったに違いない。

やがて、カフカを研究する学者が現れた。その学者の中から、ブロートを批判する人も出た。

FRANZ
KAFKA

「マックス・ブロートは勝手なことをした。カフカの原稿を仕立て直した。カフカの思想をねじ曲げて解釈した。あれではカフカそのものとはいえない」

こんにちでは、ブロートの編集したものとは別に、できるだけカフカが残した通りに原稿を読めるよう、工夫された本が出されている。

カフカの書いたものが、文学になったのは、どの時点だったのだろう。

その2　文学を評価する

どうして僕は、こんな乱暴に文学を定義しているのか。

なぜなら文学というのは、「いい文学」のことではないからだ。

文学についての文章や、文学の話をしている人の口から、こんな言い方を聞いたことはないだろうか。「これは文学ではない」とか「文学の名に値しない」、あるいは「これは文学として優れている・優れていない」といった言い方を。

人が読んだ文学を評価するのは当然だ。というより、必要なことだ。文学に接したら、君は必ずそれを評価しなければならない。

そして、君が読んだ文学は、君が評価しなければ意味がない。どんなものが「いい文学」かは、君が評価して決めるのだ。

人が「これは傑作だ。君も読んでみたまえ」なんていってくるのを、そんなにいうなら読んでみるか、ということはある。

だけどそれだけだったら、読んだうちには入らない。それはただ、頁《ページ》を最初から最後までめくりました、というだけだ。

確かにこれは傑作だ、と思ったり、いやコレどーなんだろー？　と思ったりする。つまり、評価をする。

それが大事だ。

本を読んで君が思ったこと、考えたことは、君が読んだ本そのものよりも大事だ、とさえいえる。

読んだ人が評価をする。そのために文学はある。読む人が評価をできて、初めて文学は大事になるのだ。

そして「読んだ人」「読む人」というのは、君のことだ。君以外には、ありえない。

そりゃそうである。ほかの人がいくら読んでも、君にとって意味がなければ、文学なんか意味がない。ただ「そういうものがあるらしい」ってだけで。

文学の評価は、君がする。

そんな大そうなこと、いきなりいわれても、できるわけない、と思うかもしれない。簡単だ、評価なんて。評価するぞと意識すればいい。

評価の基準も単純。読んでいるものを「文意」と「味」に分ければいいだけ。

文学の評価や鑑賞は、文学の根本に関わるし、この先の話にも関係があるから、どうやって文学を評価すればいいか、先に例をあげて説明しておく。

〈文例1〉

満塁になると気分が盛り上がる。

この文章（まあ、文学）は、「文意」はすぐわかる。野球の話だ。野球、という言葉は含まれていないが、満塁という言葉があるからわかる。確かに野球で満塁になると、気分は盛り上がります。同意見の人も多かろう。そこでこれは、文意がよく通じる文章だと評価できる。

しかし文章の「味」となると、どうだろう。

味、しない。

盛り上がるって書いてあるのに、読んでも盛り上がりを共有できないし、書いた人もあんまり盛り上がっていないんじゃないかとさえ思われてしまうくらい、無味乾燥。したがってこれは、ただ文意があるだけの文章、と評価できるわけである。

こういう文章は、文学と思われないことが多い。僕が、読者が特定できない文章は片っ端から全部文学、というと、乱暴な感じがするのはこのためだ。僕の定義には「味なんかなくても文学」という側面があるが、一般的には「文章が文学というからには、味がなければいけない」という暗黙の了解（？）があるのだ。

〈文例２〉

今やかの三つのベースに人満ちてそぞろに胸のうちさわぐかな

文例1と、文意は同じである。満塁になると気分が盛り上がる、という意味である。だけどこの文章は、味が、かなりいい。まずリズミカルだ。五七五七七で短歌になっている。それから、ただ文意を伝えるだけじゃない部分が面白い。「満塁」のことを、「三つのベースに人満ちて」とある。ベースに人が満ちる、というのが楽しい。

しかもその前に「今や」と書いてある。つまりこれは、試合が終了して結果がわかってしまったゲームのことではないのだ。満塁に、今、なっているのである。ノーアウトかな。ツーアウトかな。六回、八回、それともまさか、九回かっ。そこは書いてないからわからない。書いてないのに、読んでいるこっちが勝手に想像してしまう。想像の余地がある。

さらに「そぞろに胸のうちさわぐかな」。そぞろってなんだろう。辞書を引くと、そわそわして落ち着かない、と書いてある。落ち着かないよ、満塁だもの。うちさわいじゃうよ胸が。

今思うと、文例1の「気分が盛り上がる」は、ちょっと攻撃側に味方した言い方のように感じる。「打ってくれ！」と思っているような印象がある（味がないし、定かではないけれど）。

だけど「そぞろに胸のうちさわぐかな」に、攻撃側・守備側という区別はない。ピッチャーを応援してても、満塁はそぞろに胸がうちさわぐ。「打ってくれ！」という気持ちも、「抑えてくれ！」という気持ちも、ここでは両方、表現しているといえるわけだ。

これまで野球の試合は、歴史上、何百万回も行われてきた。満塁のシーンなんて、掃いて捨てるほどあった。

けれども今、目の前で見ている野球、やっている野球、その野球で満塁になれば、冷めた目でなんか見ていられない。楽しくてワクワクする。あの感じ。

これだ。これが文学の「味」である。文章には、情報を伝える「文意」だけがあるのではない。味わいというものがあり、それがどれくらい感じられるか、キャッチできるかで、文学は評価される。

文例2について、僕はかなり濃く書いた。それは僕が、それだけ文例2を注意深く味わったからである。そして文例2が、味わって楽しめるだけのものを含んでいたからである。文例1にだって、僕は同じくらい注意深く味わおうとしたのだが、味がないものをいくら噛《か》んでも味はない。

文学の評価はこのように、文意と味を分けて読むことでできる。難しいことなんかない。注意深さと、あとは慣れだ。文学に慣れる。そうすれば君にだって評価はすぐできる。

ちなみに文例2は、正岡子規《まさおかしき》が明治三十一年に作った歌。夏目漱石《そうせき》の親友だった子規は、終生病弱で若死にをしてしまったが、野球が好きでキャッチャーをやっていた。本名の「のぼる」に字をあてて「野球（の・ぼーる）」と署名していたこともある。二〇〇二年に野球殿堂入りを果たした。

その3　文学はどこにあるか

読者を特定できない文章はすべて文学であり、それは「いい文学」だけのことではない。ある文学が「いい」かどうかは、君が評価して決める。

ここまでの話を要約すると、こうなる。

ここにはひとつの原理が隠されている。

それは「文学とは何か」という問題の背後にある、もうひとつの問いを引きずり出すことで明らかになる。

文学とは何か、という問題が成立するためには、なんといってもまず「文学」というものがなければならない。つまり、文学というものがどこかにあるという前提で、文学は語られているわけだ。

じゃ、その文学はどこにあるのか。

「文学とは何か」という問題の背後には、「文学とはどこか」という問題が、実は隠されていることになる。

どこ、というのは、場所とか位置を尋ねるための疑問詞だ。となるとまるで、文学が物質で、どこかにあるような感じがするけれど、もちろん文学は物質ではない。地上に「文学のあるのはここ」という場所はない。

もちろん文学は、読むところにあるのだ。

本を印刷するところにも、売るところにも、文学はない。パソコンのハードディスクの中にも、携帯電話のアプリケーションにも、書き込みサイトにも文学はない。読まなきゃ文学は、存在しない。

君のかたわらに一冊の、文字の本があるとする（⇩つぶやき2）。君はまだその本を読んでいないとする。この場合、その本は文学だろうか。

その本は、その本を書いた人や編集した人、印刷業者にとっては、すでに文学だろう。しかし君にとっては、文学ではない。まだ文学ではない。読んでいないのだから。その本の中にある文章は、君に読まれていないのだから。その本はただの紙の束である。物質である。

その物質が文学になるのは、君が読んだときだ。

君が読まなければ、文学は存在しない。

これは文学の原理である。

文学というのは、なんとなく「偉い」もののように思われることがある。大学に学部があったり、中身に難しい言葉が使われていたり、書いた人の石碑や記念館が建てられたり、作家が新聞でコメントしたりするから、そんなイメージがある。

でも実際の文学は偉くもなんともない（⇩つぶやき3）。世間でどれだけ偉いと見なされていようと、君が読まなければその文学は、あってもないのと同じだ。

読んでいないけれど、知っている、という場合がある。

夏目漱石を知らない人はいないだろう（少なくともこの本を日本語で読んでいる人の中には）。読んだことはないけれど知っている、という人も、けっこういるんじゃないか。そんな人でも、漱石が文学者で、小説や文学論を書いた人、ということくらいは、知っている。

ではそんな夏目漱石、読んでいないけれど知っている夏目漱石とは、なんだろうか。

情報である。読まれていない夏目漱石は、発信され、拡散され、共有される、貧弱で平凡なデータに過ぎない。何年に生まれ何年に死に、どこそこの学校を出てどこへ行き、これこれの小説を書き、誰それに影響を与えた。終わり。それだけの存在である。

情報というのは細分化するから、そこから夏目漱石の家族関係だの、住んでいた家だの、小説のあらすじだの、使った歯ブラシだの（知らないけど）についても、データを入手できるだろう。

データだって不特定多数の読者を持つ文章には違いないから、文学の一種だ。けれど、夏目漱石のデータをいくら蒐集《しゅうしゅう》したって、夏目漱石を読んだことにはならない。だからデータだけひと通り持っていて、読んでいない——受験勉強なんかやっているると、そういう状態になりがちだ——、そんな人にとって、夏目漱石は文学ではないのである。

さっきの「文学は『偉い』みたいなイメージ」も、このことを踏まえておけば、こだわる必要がなくなる。

本をたくさん読んでいる友だちが、「夏目漱石を読んでなきゃ話にならない」とか、「漱石ったたって『こころ』だけ読んだってダメだ。漢詩とか手紙を読んでだな（以下略）」なんていって、ふんぞり返ってたりすることがある。

文学に多く接することは、いいことだと思う。だけど、自分の中にデータを溜《た》めこんで、それで偉そうにしている奴なんか、相手にすることはない。友だちに限らない。教師でも、論文でも同じだ。

文学を評価する、という話を思い出してほしい。データを溜めこむとは、文学の場合でいうと「文意」をいっぱいストックしているということである。それ自体は悪いことではない。だが文学をどれくらい自分のものにしているかは、そのストックをどれくらい「味読」(こういういい言葉があるんだ)しているかによる。

データを蓄積しているのに、文学の味の話をしないような人や「文学論」は、君が文学を読むこととは、ほぼ無関係と思っていい。そういう人はいろんな本を知っているから、データベースとして付き合うのはいいかもしれない。だけど劣等感を覚える必要はまったくなし。

つぶやき2

この場合の「本」というのは、「文章が書かれた本」のことである。

文学は文章でできている。こんなことは、改めて断るまでもないと僕は思っているんだけど、最近なんだかこんな大前提も「文学」を論じる上でアイマイになっているみたいなので、老婆心ながら付け加えておく。

文章でできているということは、ほかのものではできていない、という意味でもある。同じことを二度書いているようなものだけれど、これには意味がふたつある。

ひとつはマンガや映画やテレビドラマ、ゲームなんかは文学じゃない、ということだ。

当たり前のように思えるけれど、最近、文学論とか文芸批評を読むと、なぜか、これがそんなに当たり前でもないみたいなのである。

「これこれのアニメはここ数年で最高の文学である」とか「このゲームは文学として優れている」とか、そんな文章が、けっこうアッサリ出てくる。

どうして「アッサリ出てくる」ように思えるかというと、なんでその文章を書いた人が、アニメやゲームを「文学」扱いにするのかという説明が、書いてないことがあるからだ。

不思議だよ。どうしてあるゲームやアニメを高く評価するのに、「文学」が出てくるのか。

最高のアニメである、優れたゲームである、でいいじゃないか。なんで改めてゲームやアニメをいったん「文学」に取りこんで、それから褒めるのか。

文学というのは、人間の表現手段の一種だ。それ以上でも以下でもない。いちばん古い表現でもなければ、ましてや最高の手段でもない。絵画や造形や、映画やアニメやゲームが、文学という手段よりも上だとか下だとか、そんな比較は意味がないだけでなく、不可能だ。

文学が文章でできているというもうひとつの意味は、文学で文章以外のものを使うのは……どんなもんなんでしょう……、ということだ。

このテンテンテンに、僕のずばりといえない、だらしない感じが現れている。

文学は文章だけで勝負したいものだ。それが文学の特徴であり、限界であり、特権でもある。映像や音響の持っている特徴と、文章のそれとは、決定的に違うのであり、だからこそ文学は、独特の表現手段になりえているわけだから。

もう一度、尾崎放哉の文章を読んでみよう。「働きに行く人ばかりの電車」と書いてある。これを読んで僕や君は、自分たちの知っている、あの満員電車を思い浮かべる。僕は東京や神奈川県を走る電車に親しいから、小田急線の白い車両の中に、ネクタイを締めたオジサンや、スーツ姿のオバサンたちが、つり革を持てればまだラッキーってくらいに詰めこまれているのを思い描く。

だけど放哉が見たのはそんな電車じゃなかったろう。現代の小田急線なんかじゃなく、大正時代の、木でできた車両にでっかいパンタグラフが乗っかった、カステラを思わせる形の電車だろう。速度ものろかっただろうし、駅のプラットホームは地面と変わらない高さしかなかったかもしれない。

放哉の文章——俳句——を味わうのなら、そんな昔の電車を知っていなければいけないか、なんてことはないはずだ。研究者でもない限り、放哉が電車と書いて、七時五十分藤沢発の急行新宿行きを思い浮かべて構わない。君は別の電車を思い浮かべるだろう。埼京線かもしれない。大阪環状線かもしれない。パリやソウルの地下鉄かもしれない。

それでこの句の味わいは、全然損なわれない。それどころか、そこにこの俳句の強さがある。

放哉が一九二〇年代に、京都か舞鶴か、もしかしたら大連で見て書いた文章が、二十一世紀の僕に届く。それが僕や君の日常に感じるものを、そっくり描いている。そう感じられる。

一九二〇年代の白黒映画で満員電車が描かれているのを見ても、同じような共感を覚えることはある。だけど文章を読んでこっちがつかむものは、映像よりも直接的で、個人的だ。「働きに行く人ばかりの電車」を読んで小田急線を思い描くとき、僕はこの俳句を僕一人のものにしている。君も君一人のものにしている。文章にはそういうことができるのだ。

だから文学は、文章だけで書かれてあるというのが、原則だと思うんだよね。

でもそれは、あくまで原則だ。例外はある。いっぱいある。

カート・ヴォネガット・ジュニアの『チャンピオンたちの朝食』や谷崎潤一郎の『盲目物語』といった小説には、文章に混じってイラストが出てくる。そのイラストは小説の「本文」として、文章と切っても切り離せない。ドナルド・バーセルミの短編には、全体の半分以上がどっかの雑誌か古い本から切り取ってきたらしい絵のコラージュでできているのがあるし、草野心平の「冬眠」という詩は、「●」←これだけだ。黒丸いっこだけ。それが「冬眠」の全文なのだ。

文章じゃなくても、文学なんだろうか。

実は僕も、小説の中で文章じゃないものに頼ったことがある。『おがたQ、という女』という小説の中で、どうしても架空の映画のポスターが必要になって、プロに描いてもらった。そのイラストレーターには、「絵を描かなかったら、この部分、どうするつもりだったの?」といわれた。

文章じゃないものが不可欠の要素になっているものも、文学なんだろうか。かりに文学だとして、それは文章だけで書かれている文学よりも劣っているということになるんだろうか。

わからない……。

◆つぶやき3
文学はちっとも偉いものではないが、文学者には偉い人もいる。彼らの中には言葉によって新しい時代を切り開いた人がいた。人間を見つめて考え抜いた人がいた。想像力の領域を押し広げた人もいた。社会の不公平や暴力に抗議し、脅迫を受けてもひるまなかった人がいた。自分の文学のために権力によって殺された人すらいた。

何より、この声は私の声だ、と、人の前に自分の文学をさらすのは、勇気のいることである。

その4「書く」はどうなる？

「読む」の前に「書く」があるのではないか、と思う人もいるかもしれない。いくら何かを読もうったって、書かれたものがなければ読むこともできないんだから、文学を存在させるのは、文学を「書く」ところにこそ、あるんじゃないか。書かなきゃ文学は存在しないのではないか。

これは誤解である。もっと言えば錯覚である。さらに言うならこれは、書く人間の傲《ごう》慢《まん》である。

「書く」というのは「読む」の亜《あ》種《しゅ》である。「読む」の変形にすぎない。読まなければ書くことはできないし、書かなくても読むことはできる。

そして実際にやってみれば明らかだが、人は書いている時、読んでいる。書かれる前の文章を読んでいるから、書けるのである。

現実的に考えても、誰もなんにも書かなくても、読むことはできる。読むものはすでに、どこにでもあるからだ。本屋さんにもコンビニにも、キオスクにも自宅にも、携帯の中にもどこにでも、読めば読めるものが溢《あふ》れている。僕や君が何も書かなかったところで、文学にとっては痛くもかゆくもない。

話を「いい文学」、それこそ世間にデータ的に流通している「名作文学」に限っても、すでに生涯かかっても読みつくせないくらいの分量、蓄積がある。書かなければ読めないなどというのは、こんにちの日本では極めて特殊な異常事態だ。

しかしそれらの膨大な文学たちも、読まなければ存在しないのと同然である。存在したとしてもせいぜいデータとしてである。マルセル・プルーストの『失われた時を求めて』は、日本の文庫本にして一巻約五百ページが十巻ある小説だが、読まなければそれはただの「二十世紀フランスの代表的傑作」というだけだ。

文学は「読む」がすべてである。文学をめぐる残余の営為（書くとか、論じるとか、保存するとか）はすべて、「読む」に奉仕する従属物にすぎない。

その5　データと「読む」の違い

文学は読むところにだけ存在し、文学のデータを読むのは文学を読むことではない。それは確かにそうなのだが、ここにひとつ、やっかいな事実がある。

文学を読んでも、「読んだ、ということ」は、極度に簡略化されたデータとしてしか、外に出せないのだ。どういうことか。

読むという行為を、コンピュータの用語を使って、人間による文学の入力（インプット）であると仮定してみよう。

これが本当のコンピュータであれば、入力したものはそのまま保存できるし、バックアップもコピーもできる。つまり入力した情報をまるまる出力（アウトプット）できる。

ところが人間は、そうはいかない。どんな長い文学でも、読めないことはないけれど、読み終わってその文学に書いてあったことをまるまる出力できる人はいないのである。書いた人にさえ、それはできない相談なのだ。かなり短い文学でも難しい。まして長い文学となると……。

「いやー『失われた時を求めて』を読んだよ」

「それどんな小説？」

「ん？　えーっと。主人公の思い出話なんだよね。なんだっけ……スワンって家族がいて、あと……、そうだ、ゲルマントっていう家もあって、そこでいろいろ……コンサートとか……同性愛とか、いろいろある。それで主人公が歳を取る。そういう小説」

「なんだそれ」

五千ページ読んでも、このアリサマ。でも人間が文学を出力する時には、ぶっちゃけ、こんな具合だ。情けない。

長大で立派な文学論を書いている人も、論じている作品を引用する時には、机の上にその本を置いて、横目で見ながら書き写している。自分の中に入力したものを引っぱりだしているわけじゃない。

どんな人間もまず大抵の場合は、入力した文学をそのまま出力することはできないのである。もしそんなことができるのなら、プルーストを読んだ人間はことごとく、プルーストと同じだけのボキャブラリーを誇れるようになるだろう。

なぜこうなってしまうのか。

理由は簡単。僕の最初に出した仮定が間違っていたからだ。

僕はこの文章の初めに、「読む」を「入力」であると仮定した。その仮定が間違いなのだ。

「読む」とは入力と同じではない。入力というのは情報を収集し、蓄積することだが、「読む」は情報の収集蓄積とは、似て非なるものである。

確かに人間は、文章を読めば、その文章にある情報を理解はできる。だがそれを保存したり、まるごと出力したりはできない。

じゃ「読む」とはなんなのか。人は文章を読んでいる時、何をしているのか。

経験である。僕たちは文章を読んでいる時、その文章に書かれていることを、経験しているのである。

ひっそりとひそみかえった、もの憂く暗いとある秋の日、空に暗雲の重苦しいばかり低く垂れこめた中を、わたしは終日馬にまたがり、ただひとり不気味にうらぶれた地方を通りすぎていた。そして夜の帷《とばり》のおりかかるころ、やっと陰鬱なアッシャー家の見えるところまで辿《たど》りついた。なぜかは知らぬが――邸の姿を一目見るなり、堪えがたい愁《うれ》いがわたしの胸にしみわたった。……

エドガー・アラン・ポオの短編「アッシャー家の崩壊」の冒頭である（河野一郎訳）。ここまでこの文章は、大真面目に文学について語ってきた。そこへいきなり馬に乗った「わたし」が現れる。すると、どうだろう。今までの論述みたいな文章は一瞬忘れられてしまって、暗い田舎道の向こうに、古びた西洋館がぼんやりと現れてくるじゃないか。

それが「読む」ということだ。文章に表現されていることを、経験する。俗に言う目に浮かぶとか、絵が出てくるというのとは違うし（僕は文章が自分の中で絵になることはほとんどない)、「わたし」が乗り移って、自分が馬の背に揺られているような気になるわけでもないが、でもちょっとはそんな感じに似ているような、特殊な経験。

それは少なくとも、文章を丸のまま蓄積し保存するのとは、わけが違う。出力できないのは、人間の記憶能力の限界もあるだろうが、この「経験」にもあるのではないだろうか。つまり、僕たちは文章を読みながら、そこにもとの文章なんかどうでもよくなってしまうような、自分自身の経験を付け加えるのだ。

読んだ文章は、「読んだ」という自分の経験が付け加えられたものになり、もとの文章を一字一句再現する必要を感じなくなるのではないだろうか。

その6　僕と文学

文学というものが、君という一個の独立した人間と切り離して考えることはできず、それはまさしく、君の経験の中にだけある、と、ここまで考えた。

君にとって、君自身がどのような人間か、僕にはわからない。だから君の経験について、僕が書くことはできない。

そこで、代わりに、僕自身の経験をここで、少し書いておこう。ドラマチックな話は、全然ないけれど。

僕は大した読書家ではない。日本人の平均読書量よりは上回っているだろうとは思うけれど、上には上がいる。とんでもなく読み続けている人を、僕は何人も知っている。ひとつの分野に特化して、徹底的に読んでいくとか、職業的に右から左へ読み飛ばしていくというようなことも、ほとんどしたことがない。

ただ子どものころから、本は身近な存在だった。それどころか、本や読書に限って、僕はとんでもなく恵まれた環境にあった。

母方の祖父は教師だったし、両親も本は好きな方だ。時代的にも、文学全集の流行がまだ終わり切らない頃で、親は教育のために児童文学全集を揃《そろ》えたり、学研の「科学」と「学習」を定期購読したりしてくれた。両親や祖父母の愛読書が、家の中には並んでいた。

そんな家に育っても、読まない人は読まない。僕が本をよく読むようになった理由は、今にして思うと、三つあった。

ひとつは、僕が一人でいるのを好む子どもだったことである。心理学はほとんど知らないが、第一子である僕は、幼児期に妹たちが生まれ、少年期に弟ができたためか、孤独を贅沢《ぜいたく》な楽しみと感じていた。今もそれは変わらない。グループに属したり、集団の中に地位を与えられるのが、苦手で困る。それが学校に通っていた頃からだったのだから、我ながら厄介な子どもだった。

四人兄妹だから、家の中に空間的な孤独を求めたって得られない。しかし本を読んでいる時は、そこがごちゃついた空間であることを、やや忘れることができる。読書は静かで孤独な時間だった。

もうひとつは、僕が夢見がちの子どもだったことである。

僕は常に「今いるこの場所に、僕はいちゃいけない」と思っているような子どもだった。家にいればどこかに遊びに行かなきゃいけないのに、と思い、友だちと遊んでいればば勉強しなければいけないのに、とあせり、学校で勉強していれば一刻も早くピアノの練習をするべきなのに、とイライラしていた。そして家でも学校でも友だちといても、実際にはただボンヤリしているだけだった。

それは「ここじゃない場所」で何か自分が、実のあることをしているのを空想しているのと同じだった。僕は自分が、やすやすとピアノを弾いているところ、オーケストラを指揮しているところ、コメディアンになって観客を笑わせているところ、参考書が隅から隅まで頭に入っているところを空想した。

空想は自分のことばかりじゃなかった。大きな石を見れば、その後ろから怪物が姿を現わすところを想像し、海を見れば美女が失神している筏《いかだ》を、空を見上げればＵＦＯを想像した。

本は孤独を楽しめる時間であるだけじゃなく、自分のよりもはるかに規模が大きく、豊かな想像の空間でもあった。本だけじゃなく、映画や舞台劇もだんだんと好きになっていった。だけど子どもに劇場に行くチャンスや金が手に入るわけもない。芝居の台本を指す「戯曲」という言葉を、僕は早くから知った。

三つ目の理由は、これもまた環境だった。僕が幼少期を過ごした一九七〇年代の鎌倉には、鎌倉文士と呼ばれた文学者がずいぶんいて、住人たちは敬意を払っていたのだ。

父と家の近所を歩いていると、和装にマフラーをした老人とすれ違うことが、たまにあった。

父はその老人に会うたびに、歩きながら軽く会釈をした。老人も軽く会釈を返したかもしれない。

「誰？」と訊《き》くと、父は小学生の僕に、そんなことも知らないのかという口調で、「有島生馬《いくま》じゃないか」と答えた。それ以上のことは教えてくれなかった。

それに父だって、知っていたのは有島生馬が「何者か」ということだけだったに違いない。有島生馬といえば、有島三兄弟の一人で、残りの二人は有島武郎《たけお》と里見弴《とん》（どれが兄か弟かまでは知らない）。江ノ電の稲村ヶ崎《いなむらがさき》駅から七里ガ浜《しちりがはま》に向かって歩いて少ししたところの踏切を渡り、老人ホームの前の道を真っすぐ行けば僕の家、左に入れば有島生馬の豪邸だった。

鎌倉文士は鎌倉のスターだった。古い住人たちは、たとえ彼らの書いたものをあまり読んでいなくても、鎌倉文士の顔や住まいは知っていた。ご近所づきあいをしている人も、もちろん多かった。

小学生から中学生になるにつれて、いつの間にか僕も、彼らのことを知るようになった。鎌倉駅の改札の前を、小林秀雄がゆっくりと歩いていた。小町通りで見かけた田村隆一は、にこにこと千鳥足だった。段葛《だんかずら》では吉田秀和が、ドイツ人の奥さんと並んでいた。永井龍男《たつお》は、母の友だちの父親だった。

君にこれらの名前が、どういう意味を持つかはわからない。恐らくなんの意味も持たないだろう。彼らの書いたものは、今ではその多くが忘れられてしまったようだし、残っている本も、大きな書店に行かなければ見つからない。

だが僕にとって彼らは実に渋い大人だった。彼らの書いたものも、そのたたずまいも。いや、むしろ僕はまず文人の「見た目」から入ったんじゃないかと、今になって思う。田村隆一の詩集を読んだのは、田村隆一の千鳥足が、実にサマになっていたからだ。稲村ヶ崎駅のまん前に住んでいた、と祖母から教えられなかったら、中村光夫を読んだかどうかわからない（祖母は中村光夫を「木庭《こば》さん」と、本名で呼んでいた）。

こういうことって、案外、大事なんじゃないかと思う。

よく、ミュージシャンの誰かにあこがれて、ギターなんか弾き始める人が、そのミュ

KA
MA
KURA
BUNSHI

ージシャンと同じ髪型にしたり、言葉遣いまで真似し始めたりすることがあるけど、考えてみるとあれは変だ。ミュージシャンに影響を受けたのなら、その人の音楽だけ真似すればいい。

だけど、そうはならない。ミュージシャンの写真をもって美容室に行き、ステージで着ていた革ジャンを買い、ジャケ写に使われた場所に行って自分も写真を撮る。

好きになるというのは、そういうことだ。その人がしていることは、もちろん好きだが、同時にその人が、かっこいいのだ。

同じことが、僕にとっての「文学」にはあった。文学はかっこよかったのである。本棚に並ぶ、箱に入った、高級そうで古風な「書物」の姿にも、僕はうっとりしたし、文学者のほっそりとして目つきの鋭い容姿にも「さすがだ」と思った。見た目から中身に入って行ったのである。

そういうことが、君にもあるといい。文学や文学者を、かっこいいと思うことが。それは文学や小説を押しつけられるより、はるかに君を文学に近づけることになるだろうから。

第二章　小説とはどんなものだろう

文学という、あまりにも広大な文章の海の中に、小説はある。

それはどんなものだろうか。具体的な例をあげて、考えてみよう。

その1　小説には複数の人間と、その行為が現れる

小説を読んだことがある人は、そんなの当たり前だろうと思うかもしれない。しかしこれは小説の、最も重要な特徴だ。

ほぼすべての小説に、複数の人間が現れると断言してもいい。ほかの文学（エッセイ、詩、記事、つぶやきetc.）では、こんな断言はできない。

たくさんの人間と、その人々がする行為（アクション）が、どう描かれているかを読んでいくのは、小説ならではの楽しみだ。

〈声〉はやんだ。

一瞬、凍りついたように静かになったかと思うと、ガチャーン！　と、すさまじい音が響きわたった。ロジャーズがコーヒーの盆を落としたのだ！

同時に部屋の外で悲鳴があがって、ドサッと音がした。

ロンバードが真っ先に動いた。ドアに飛びつくと、いきおいよく開けた。ドアの外で丸くなって倒れていたのは、ロジャーズの妻だった。

ロンバードは「マーストンくん」と、呼んだ。

マーストンは飛んで行って、手を貸した。二人はロジャーズの妻を、応接間に運び込んだ。

アームストロング医師が急いで駆けよった。医者は、ミセス・ロジャーズをソファに寝かせるのを手伝ってから、彼女の上にかがみこんで、すぐに言った。

「何でもありません。気を失っただけだ。すぐよくなりますよ」

「ブランデーを持ってきたまえ」と、ロンバードがロジャーズに言った。

顔を真っ青にして、手をブルブルふるわせたロジャーズは、小さな声で「かしこまりました」と言ってから、あわてて部屋を出ていった。

ヴェラが大きな声で言った。

「あれは、誰の声だったの。どこから聞こえたのかしら。あれは、なんだか——まるで——」

アガサ・クリスティの最高に面白い小説『そして誰もいなくなった』の一節（青木久恵訳）。

この文章には、ロジャーズという人物が現れる。続いてロンバードが、ロジャーズの妻が、マーストンが、アームストロング医師が現れる。最後にヴェラが現れる。

彼らがどこの何者なのかは、これだけ読んでもわからない。これは、小説のごく一部を切り取って引用した文章だから、わからなくても、そこは我慢してくれ。読めばわかる。

しかし、ここで彼らが何をしているか（つまり行為）は、この部分を読むだけでわかるわけだ。ロジャーズがお盆を落とした。ロジャーズの妻がドアの外で倒れた。ロンバードとマーストンがこの人をソファに寝かせた。

これは小説が「複数の人間と、その行為」を描いた、単純な例だ。単純だから、前章で書いた「評価」の基準で行くと、文意はなめらかに伝わるけれども、味はそんなにない。

だが味の薄さを補ってあまりあるものが、ここにはある。

「面白さ」だ。

僕はわざとやったのだが、この部分だけ読んだって、一体何があったのか、よくわからない。

〈声〉がやんだという。〈声〉とは何だ？　なんでカッコでくくってあるのか？　そして何より、その〈声〉がやんだことで、どうしてロジャーズはお盆を落とし、その奥さんは気絶し、ヴェラは大声で叫ばなければならないのか？　「誰の声だったの？」といっている。ということは、ヴェラにも誰の声だったか、わからないのだ。どこから聞こえてきたかも、わからなかったらしい。なんだこれは？

これが、小説の面白さの基本である。「そそる」というのが。何があったのだろう。これはどういうことだろう。この先、どうなるのだろう？　気になるぅ！　そそるぅ！　謎めいたことが起こったり、アクションをつないでいったり、思いがけない出来事があったり。

たとえ文章そのものに味がなくても、面白さが味を作っていく。「面白さ」を唯一の味として、突き進んでいく小説も少なくない。

だが、小説には、複数の人間を描いて、もっとできることがある。

それは、「複数の人間」を「多様な人間」として表現することだ。つまり、ただうじゃうじゃと三人も五人も人間が出てくるってだけではなく、それぞれがどんな人間かを、小説は描き分けることができるのである。――クリスティの小説で人物が「ただ出てくるだけ」ってわけじゃないけれど。

日本の小説から、「多様な人間」がぽんぽんと出てくる例をあげよう。

明治時代の画家が山道を登っていると雨が降ってきたので、茶屋に入ってひと休みする。茶屋には婆《ばあ》さんがいた。


「御婆さん、此処《ここ》をちょっと借りたよ」

「はい、これは、一向存じませんで」

「大分《だいぶ》降ったね」

「生憎《あいにく》な御天気で、さぞ御困りで御座んしょ。おおおお大分御濡れなさった。今火を焚《た》いて乾かして上げましょ」


そこへ馬子が来る。茶屋の婆さんとは馴染《なじ》みらしい。

「おや源さんか。また城下へ行くかい」

「何か買物があるなら頼まれて上げよ」（藤谷注・これは馬子のセリフ）

「そうさ、鍛冶町《かじちよう》を通ったら、娘に霊巌寺《れいがんじ》の御札を一枚もらってきて御くれなさい」

「はい、貰《もら》ってきよ。一枚か。――御秋さんは善《よ》い所へ片付いて仕合せだ。な、御叔母《おば》さん」

「ありがたい事に今日《こんにち》には困りません。まあ仕合せというのだろうか」

「仕合せとも、御前、あの那古井《なこい》の嬢さまと比べて御覧」

　茶屋を出た画家がこれから宿泊する温泉宿の女主人が、どうやら「那古井の嬢さま」である。宿について話してみると、女主人は東京にも京都にも住んだことがあったらしい。

「ここと都と、どっちがいいですか」(と画家が尋ねる)

「同じ事ですわ」

「こういう静かな所が、かえって気楽でしょう」

「気楽も、気楽でないも、世の中は気の持ちよう一つでどうでもなります。蚤《のみ》の国が厭《いや》になったって、蚊の国へ引越しちゃ、何にもなりません」

「蚤も蚊も居ない国へ行ったら、いいでしょう」

「そんな国があるなら、ここへ出して御覧なさい。さあ出して頂戴《ちょうだい》」と女は詰め寄せる。


翌日、画家は床屋から、女主人の噂《うわさ》を聞く。この床屋は江戸っ子である。

「奇麗な御嬢さんがいるじゃないか」(と画家)

「あぶねえね」

「何が？」

「何がって。旦那の前《めえ》だが、あれで出返《でがえ》りですぜ」

「そうかい」

「そうかいどころの騒《さわぎ》じゃねえんだね。全体なら出て来なくってもいいところをさ。――銀行が潰《つぶ》れて贅沢《ぜいたく》が出来ねえって、出ちまったんだから、義理が悪るいやね。隠《いん》居《きょ》さんがああしているうちはいいが、もしもの事があった日にゃ、法返《ほうがえ》しがつかねえ訳になりますさあ」


夏目漱石《そうせき》の『草枕《くさまくら》』では、さまざまな人間が現れて、そのいちいちが見事に書き分けられている。

茶屋の婆さんは見知らぬ客である画家には、腰の低い態度で接し、顔見知りの馬子に対する口調は少しくだけている。宿の女主人はきりっとしていて、画家に対しても突っかかることさえある。床屋の親父はべらんめえ口調で遠慮がない。会話を読んでいると、ちょっと笑ってしまう。漱石は落語が好きだった。落語の感じだ。

『そして誰もいなくなった』の引用部分を読んだだけでは、登場人物がどんな人かは、よくわからない。しかしアクションが話を進ませていて、何があったのだろう、これから何があるのだろうと思わせる。

『草枕』の引用部分は、人物はあざやかに描かれているが、読んでいて「それからどうしたの?」という気持ちには、あんまりならない。細かい部分に引っかかるところがあるけれど。

では、人物を描きながら、同時にアクションを描くことはできるだろうか。

もちろんできる。

ごく単純な例をあげよう。

ラ・マンチャという村に住んでいた男が、中世の騎士道物語を読み過ぎて、自分のことをドン・キホーテ・デ・ラ・マンチャという騎士だと思いこむようになってしまった。近所の農夫サンチョ・パンサを従えて、遍歴の旅に出る。

すると野原の向こうに、大きな風車が三、四十も並んでいるのが見えた。これを眼にするやいなや、ドン・キホーテは従士にむかって言った。

「(中略) サンチョ・パンサよ、かなたを見るがよい。あそこに三十かそこらの不埒《ふらち》なる巨人どもが姿を現わしているではないか。拙者はきゃつらと一戦交えて、一人残らず皆殺しにいたし、その戦利品をもってわれらも富裕になろうというのだ。なぜと申して、これは正義の戦いだからで、こういう邪悪の種を大地の面から除き去ることは、神に対する大きな奉仕でもあるからだ」

「どんな巨人だね」と、サンチョ・パンサが聞く。

「それ、あそこに見えるやつどもじゃ」(中略)

「見なせえ、旦那さま」するとサンチョが答えた。「あそこに見えるのは、あれは巨人じゃねえでがすぞ、ただの風車で、あいつらの腕と見えるのは翼で、これが風に廻《まわ》されて、石臼を動かしているんでさあ」

「ははあなるほど」とドン・キホーテが答えた。「おぬしはこうした冒険沙汰には不案内と見えるな。あれは巨人じゃ。もし恐ろしければ、ここから離れて、拙者が彼らを向うにまわして、これから始める烈《はげ》しい、類を絶した戦いのあいだ、お祈りでも唱えているがよい」

そうしてこう言いながら、（中略）呼び声には気もとめずに、愛馬ロシナンテに拍車をくれた。（中略）

そうして彼が翼目がけて一槍《やり》くれると、風は恐ろしい勢いで翼を廻したものだから、たちまち槍は粉々にくだけ、あまつさえ馬も乗り手ももろともにうしろへほうり出したので、みじめにも野原をごろごろと転げて行った。サンチョ・パンサは驢《ろ》馬《ば》を全速力でかけさせて、彼を助けにおもむいたが、その場に来て見ると、もう相手は身動きもできぬありさまであった。（中略）

「やれやれ！」と、サンチョが言った。「ご自分のなさることによう く気をつけなせえと、旦那さまにあれほどわしが言わなかったかね。あれはただの風車だ（中略）」

「黙れ、サンチョ」と、ドン・キホーテが答えた。「そもそも戦いのならいは、常に

NOVEL

定めがたい転変に左右されがちのものだ」（セルバンテス『ドン・キホーテ』会田由訳）

ドン・キホーテには、現実がすべて騎士道物語（要するに「ヒーローもの」）に見えてしまう。そして常に自分が主人公だ。

一方のサンチョ・パンサは、その幻想を共有できず（できてたまるか）、素朴で垢抜《あか》けない人間である。

二人の人物像が、ここでは描き分けられているだけでなく、その人物像が原因で、アクションが起こっている。

ドン・キホーテがこういう人物でなければ、風車を巨人と思いこんだりはしなかっただろう。戦いを挑んで突進したりもしなかっただろう。またサンチョ・パンサがこういう人物でなければ、ドン・キホーテの世迷いごとをまともに受け取ることもせず、いちいち巨人じゃないよ風車だよ、などと、いわずもがなの注意をしてあげることもなかっただろう。だが二人はおのおの、こういう人物だった。だからこういうことが起こった。

「人物を描く」というのは、つまりある人間の性格や気質、生まれ育ちやものの考え方を描くということだ。

そして人間社会で起きる物事や事件というのは、自然災害や超常現象でもない限り、ことなる人間の性格や気質、生まれ育ちやものの考え方が、衝突したり、不意に出くわしたり、協力し合ったりすることによって起こる。社会が棒みたいな人間だけでできていたら、どんな物事も起こらない。

小説では人物と行為とが、ないまぜになって同時に進んでいく。『そして誰もいなくなった』や『草枕』も例外ではない。さっきの僕の引用は、全体のごく一部でしかない。

その2　小説には作者がいる

小説の特徴のもうひとつは、小説には作者がいる、ということだ。

これまた、そんなの当たり前じゃないかと思う人もいるかもしれないが、作者がいない文学はたくさんある。

ちなみに僕がいっているのは「書いた人がわからない」ということではない。

新聞や雑誌の記事、それにＳＮＳに書かれる文章の多くは、誰が書いたかわからないことが多い。

けれども書いた人はいる。よく調べれば、そういう文章は書いた人がわかる。

そうじゃなく、作者がいない、いない文学。

それはたとえば、こんな話だ。


昔あるところに浦島太郎という漁師がいた。太郎が浜辺を歩いていると、子どもたちが亀をいじめていた。太郎は子どもたちを叱って（お小遣いをあげて、だったかな？）、亀を助けた。すると亀が、「助けてくれてありがとうございます。お礼に竜宮城に連れて行ってあげましょう」と言って（この亀が竜宮城の、なんかエライポジションにいるんじゃなかったっけ？）、太郎を背中に乗せて海の底の竜宮城に連れて行った――。

以下省略。省略しても、日本語で育った人なら、みんな知っている話だろう。昔話は誰でも知っている。本で読んだかテレビで見たか、幼稚園で先生が話してくれたか、親や育ててくれた人が教えてくれたか、あるいはその全部かもしれない。とにかく、なぜか知っている。

浦島太郎の話は文章になって多くの人が読んでいるから、文学に含まれる。けれども作者はいない。浦島太郎を書いた最初の人、というのはいるだろう。でもそれは作者じゃない。

昔むかし、何千年も昔、日本には文字がなかった。

文字はなかったが、人間は暮らしていた。そして当時の人々は、ぎりぎり衣食住だけ、みたいな、最低限の労働をしていたわけではない。

そこには文化もあれば娯楽もあった。人間は器に装飾を施し、海山の神々に感謝を捧《ささ》げ、歌をうたい、そして、不思議な、物珍しい話を語り合っていた。

こうして昔話が語り継がれた。

日本だけでなく、世界中にそういう昔話はある。

人間は語った。浦島太郎の話を語った。それは最初から、今の僕たちが知っているような話だったのだろうか。それとも、もとはもっと現実的な話、たとえば漁師がよその国に行った話か何かだったのだろうか。あるいは、

「いやー、こないだ亀を助けたらサー、いいとこ連れてってもらっちゃって」

なんていう、誰かのホラ話が最初だったんだろうか。

わからない。わからないけど、これだけは確かだ。最初に浦島太郎の話を書いた人も、今の浦島太郎のもとになった話をした人も、「浦島太郎の話」という文学の作者ではない。

浦島太郎に限らず、昔話には、作者がいない。それはなぜか。なぜ「いない」と断言できるのか。

昔話というのは、ひとつの話に無数の話があるからだ。お母さんヴァージョン、お父さんヴァージョン、おばあさんヴァージョンおじいさんヴァージョン、先生ヴァージョン絵本ヴァージョン、別の絵本ヴァージョン、Eテレ、民放、劇場版アニメ版実写版、

平安朝もあれば教科書にもある。無数だ。

そのすべてに、ひとつひとつ「文章を考えた人」はいるだろう。でもそれは「作者」じゃない。作者はいない。「話者」がいるだけ。それが昔話だ。

どこで誰が、どんなふうに語っても、何度繰り返しても構わないのが昔話だ。

何百年も、千年も、場所を変え世代を変えて、人は同じ話をし続けた。

内容を一字一句変えてはいけない、なんてことは、昔話にはない。それどころか、あんまり実感の湧かないほど大昔の話だと、ピンと来なくなる場合もある。

聞いた話をきちんと思い出せなかったり、話している側が繰り返しに飽きたり、今で言うところの「話を盛ってウケを狙う」人がいたりして、昔話は時代や地域で内容やディテールを変えていく。まるっきり同時代の話になったりもする。今ある「学校の怖い話」とか「都市伝説」とかいわれているものも、調べてみれば同様の話が弥生時代にあった、なんてことも（きっと）ある。

昔話を作ったのは、長い長い年月にわたる人間たちの不易流行《ふえきりゅうこう》だ。人はうつろう。変わっていく。だが変わっていかないものもあるらしい。そういう変わらなかったり（不易）変わったり（流行）する人間が、集団ではないのに集団のように語り続け、淘汰《とうた》し、細部を作り変えながらも繰り返してきた（おおむね）同じ話が、昔話だ。

それに対して小説は、変化しないのである。著者が書き直したり、旧かなが新かなづかいになったり、書き写す時に間違いや遺漏があったりして、変わるといえば変わるけれども、変わらない。文章の細部や編集の都合がどんなに変わっても変わらないものがあって、それが「作者」なのである。

『宇治拾遺物語《うじしゅういものがたり》』という物語集がある。鎌倉時代に作られたもので、世間で語り伝えられている話を集めたものだ。誰が集めたかはわかっていない。

この物語集のいくつかを元ネタに、芥川龍之介《あくたがわりゅうのすけ》が短編小説を書いた。

そのうちのひとつ「鼻」は、「鼻長き僧の事」という話をもとにしている。内供《ないく》というお坊さんの鼻が、異常に長い、という話だ。

五十歳を越えた内供は（中略）、内心では始終この鼻を苦に病んで来た。勿論《もちろん》表面では、今でもさほど気にならないような顔をしてすましている。（中略）鼻の心配をするのが悪いと思ったからばかりではない。それよりむしろ、自分で鼻を気にしていると云《い》う事を、人に知られるのが嫌だったからである。内供は日常の談話の中に、鼻と云う語が出て来るのを何よりも惧《おそ》れた。

実は『宇治拾遺物語』には、内供が自分の鼻をどう思っているかについて、「痒《かゆ》がること限りなし」としか書いてないのである。みっともないとも醜いとも思っていないのだ。

それを二十世紀の人・芥川龍之介は、内供の鼻コンプレックスについて、えんえんと書いていく。引用した文章のあとにも、芥川は「この鼻によって傷つけられる自尊心」について、細かく書き連ねている。

元ネタでは、鼻は、ただかゆいだけ。でも「鼻」という小説では、同じことがコンプレックスやプライドの問題になる。それはなぜか。

書いたのが芥川龍之介という、個人だからである。

芥川龍之介がどんな人だったか、ということは、研究のし甲斐《がい》があるテーマだけれど、ここではどうでもいい。人から聞いた、つまり作者のない話（元ネタ）に対して、小説が個人で書かれた、ということが大事なのだ。きっと芥川という人は、「鼻長き僧の事」を読んで、これはプライドとかコンプレックスがテーマになる、と解釈したのだろう。

解釈、というところが大事だ。

「鼻長き僧の事」という話に、芥川龍之介という個人が解釈を加えたものが、「鼻」という小説だ、ということになる。

つまり「話」があるだけでは、小説ではないのである。個人が書いたという痕跡が、小説には必ずあるのだ。「鼻」の場合の痕跡は、「解釈」ということになる。

ある特定の個人が「作者」として存在することは、小説を昔話や説話と区別する、重要な特徴だ。小説というのは、エゴ（自我）の産物なのである。（⇩つぶやき4）

そしてこのエゴという要素が現れたとたん、小説はにわかに、まったく別の顔を見せ

禅智内供の鼻といへば池の尾で知らない者はない。

長さは五六寸あって上唇の上から顋の下まで下ってゐる。

形は元も先も同じやうに太い。いはば細長い腸詰めのやうな物がぶらりと顔のまん中からぶら下ってゐるのである。

ることになるのだ。

エゴ、という言葉には、いい印象がないかもしれない。

エゴイズムとか、エゴイストとか、エゴイスティックというのは、どれも「自己中心的」という意味で使われる。

自分のことしか考えない。協調性がない。空気を読まない。そういう人や、そういう気分に、エゴという言葉はつきまとう。そしてそれは、良くないことだと思っている人も多い。

確かに自己中心的な人間は、近くにいると迷惑だ。自分はそんなことしたくないとか、そうは思わないとか、和を乱すようなことを言って、我慢を知らない。みんなで何かをしようとしても、こういう人間がいると、全体がギクシャクしてしまう。

それは、協調とか、空気とか、和とか、全体といった、グループにとっての話だ。社会人としての人間は、エゴイストであってはいけない、自分を強く押し出してはいけない、という話だ。

人にはみんな、エゴがある。

エゴイストに向かって、「我慢しなよ！」と言う・言いたくなる時、その言葉には、実は続きがある。

「我慢しなよ！（こっちだって我慢しているんだから！）」

集団で、社会の中で何かをする時、人は誰でも、我慢をしなければならないことがある。

（やりたくないなあ）（面倒くさいなあ）（私がやらなきゃいけないのかなあ）（つらいなあ）……。そんなことを思いながらも、集団のために働いたり、自分らしくないことをしなければならなかったりする場合も多い。

時には、（そういうこと、やっていいの？）（不公平なんじゃないか？）（ずるいんじゃないか？）と思うようなことでも、集団の利益や、集団を守るために、やらされることもある。

そこにエゴイストがやってきて、「そういうことは面倒くさいからやらない」とか「私じゃなくてもできるんじゃないですか？」とか「僕、そういうことやるタイプじゃないんで」なんてことを言う。

そういう人間を見て腹が立ったりイライラするのは、「こっちは我慢している」からだ。

こっちだって、本当はやりたくなかったり、おかしいと思ったり、貧乏くじを引かされたと思ってたりするのだ。

いつも、じゃないにしても、人はエゴを抱えながら、発散したり、発揮したりすることができないで、社会の中で我慢している。

いや、「人」のことなんか、どうでもいい。

君が、そうやって生きているのではないだろうか。

不公平を感じたり、やりきれなかったり、むしゃくしゃしたり、鬱屈して、でも我慢して、言いたいことを腹の中に溜《た》めこんで、やりたくないことをやる。そんなことが、あるんじゃないだろうか。

小説が、個人によって書かれていることの重要性は、ここに現れる。

芥川龍之介の「鼻」の場合、「個人で書かれたもの」というのは、「話に対する解釈」

として現れていた。

しかし、小説がエゴによって書かれている、となれば、それは単なる「解釈」なんてものでは済まなくなる。

それは小説が、社会や集団によって書かれてはいない、ということだからだ。

もっといえば、小説は、世のため人のためになるとは限らない、ということである。

世の中のためになるか、ならないか。人が読んで、どんな気持ちがするか。

そんなことに、小説は気配りしない。気配りをしてもいいが、しなくてもいい。

小説は、作者の勝手気まま、やりたい放題、エゴイズム、すなわち「自由に」書かれているのである。

つぶやき4

エゴとか自我というのは、ヨーロッパで作られた、近代以後の概念だから、それ以前に個人で書かれた物語には、自我が現れていないのではないか、と思う人もいるかもしれないが、それはもちろん、違う。西洋の文学だけでなく、日本でも平安時代の紫式部《むらさきしきぶ》から江戸時代後期の曲亭馬琴《きょくていばきん》まで、今に残る作者の書いたものには、その文章にも内容にも、はっきりとした個性がある。

その3　小説は自由に書かれている

そもそも小説は、作者である一人の人間が、複数の人間を文章の上で、あっち行かせたりこっち向かせたり、あんなことやこんなことを言わせたりしている。ということは、それは原則的に、書いている一人の人間の、思うように書いてあるということだ。

ただし、思うように書いてあるからといって、それは必ずしも「作者の都合よく」というわけではない。確かに書いた人間が自分に好都合なように書いている、としか思えない小説もあるが、そういうのは単に志の低い小説だというだけだ。

「好都合」とは、「自分の好きなように周囲を形作って、それを『現実』と思いこむこと」だが、「自由」とは「意思によって決定すること」だ。似ているようだが、まるで違う。自由は厳しい。苛烈《かれつ》である。

自由、ということのひとつは、小説には、必ず書いた人間の意図が含まれているということだ。小説のテーマ（主張）だとか「言いたいこと」だけではない（テーマが定まっていなかったり、言いたいことなんかない小説も多い）。主人公の設定や、舞台になる時代、場所、人間関係といった、小説を作り上げている構成要素のすべてが、作者から出ている。

もちろん、人間はアスパラガスみたいに、土の中で一人だけで育つ生き物ではない。必ずどこかで、誰かによって育てられ、成長するまでも、してからも、多くの人間と関わり合って生きていく。

小説を書く人間は、その関わり合った人間たちの風体や言葉遣い、まなざしや、暴力や、涙や、勢い、服装、などなどを経験して、記憶し、その経験と記憶をもとに小説の中の人間たちを書いていく。だが、その経験と記憶そのものと、経験と記憶の中から小説に登場させる取捨選択は、作者の自由によるのである。

その証拠に（というのもおかしいが）、小説に登場する人物は、作者が実生活で密接な関係を持った人をモデルにしているとは限らない。

僕の個人的な経験では、むしろ親や兄弟、恋人や配偶者をまるまるモデルにして書くのは難しい。道で会った人や電車の中で見かけた人、旅先で風景の中に遠く見えていただけの人から発想する方が多いし、気も楽である。映画やテレビで見た架空の人間に刺激されることもある。近しい人から発想するにしても、その人そのものを描こうとは思わない。

つまり小説に書く人物は、一人残らず作者というブラックボックスから出てくる存在なのだ。ブラックボックスには、現実生活の経験や記憶から人間が入って来る。しかしそこから出てくる時には別人になっている。このブラックボックスが「自由」（のひとつ）である。（⇩つぶやき5）

小説の自由の、もうひとつの側面。

それは「その2」で書いた、個人の自由だ。

小説は人のことを考えない。考えてもいいし、考えなくてもいい、というスタンスで書かれている。

小説は我慢をしない。やりたいことをやっている。言いたいことを言っている。それが、人を楽しませたい、というのなら、小説は人を楽しませようとする。だが、楽しませるなど思いもよらず、読んでも楽しい気分にはならない小説もある。読む人を楽しませることより、ずっと深刻で切迫した思いで、書かずにいられなくて書かれた小説があるのだ。

ぼくは十九歳だった。予備校生だった。他の予備校生のように仕事をしてかせぐ必要もなく、一日中自分だけの部屋にいて自分だけの自由な時間があればどんなによいだろうか。絶望だ、ぜつぼうだ、希望など、この生活の中にはひとかけらもない、ぼくは紺野の笑いをまねしてグスッと鼻に抜ける音をたてた。ぼくは壁にまるめたふとんに背をもたせかけて坐《すわ》り、手を思いっきり上にあげて欠伸をした。腹がくちくなり眼がとろんとなるほどぼくを充分に満足させるものはなにひとつない。快楽の時間だってそうだ。いつもだれかにみられ嘲笑《あざわら》われているように感じるし、不意に扉がひらかれて人がはいりこんできそうな感じになる。このぼくに自分だけのにおいのしみこんだ草の葉や茎や藁屑《くずかご》の巣のようなものはない。ない、ない、なんにもない。金もないし、立派な精神もない。あるのはたったひとつのぬめぬめした精液を放出するこの性器だけだ。

他人は、善意の施しを隙あらば与えてやろうと手ぐすねひいている大人は、君は予備校生ではないか、と言うだろう。そうだ、ぼくは予備校生でもある。隙あらば（この言葉がぼくの気に入り）なにものかになってやろう、と思っている者だ。しかしぼくがなにになれると言うのか。なれるのは、そんじょそこいらに掃いて捨てるほどいる学生さんだ。四年間遊び呆《ほう》けるか、ゼンガクレンに入って殺すの殺されるのとまともに働いている人間だったらきくにたえない痴話《ちわ》喧嘩《げんか》のような言葉を吐きあい、けろっとして一流企業に入るかだ。一流じゃなくたって、そいつらは、雨にもぬれず冬は暖房夏は冷房、髪を七三にわけてネクタイをしめ、給料もらって食っていく。まっぴらごめんだ。弱々しく愛想笑いをつくり、小声で愚痴を言いながら世の中をわたっていく連中の仲間入りなんて、虫酸がはしる。可能性があると大人は言いつのるだろう。笑わせちゃあいけない、階級ひとつとびこえて、雨にもぬれず風にもさらされず東のほうに貧しい人がいればああかわいそうだなと同情してやる身分になれるということだろう。それとも……（以下略）

中上健次「十九歳の地図」に、読んで心が躍ったり、楽しい気分になるようなところはひとつもない。ただひたすら世の中を呪い、怒り、絶望し、気に入らない家庭にいたずら電話をかける「ぼく」が描かれる。幸福もなければ愛もなく、進歩もなければ脱出口もない。

そんなもの！　といって、このえんえんと続く社会への理不尽な怒り、自分への憎しみを、他人事に思える人は、さいわいだ。

貧しくても辛抱を続ければ、いつか人生の花が開く時が来るかもしれない。いたずら電話は犯罪だ。会社員は立派な社会人である。——そんなごもっともな言葉が、一切耳に入らなくなるような時が、君にはないか。

やりきれない。むしょうに腹が立つ。自分がみじめになる。

自分の中にある、誰にも言えない心。言いたくても言葉が見つからないような、じれったい、モヤモヤイライラした感情。人に見せられない自分のみっともない姿。暗い支配欲や、虚栄心。

読んで楽しくない「十九歳の地図」は、しかしそれを読む人間を、ひとりぼっちにはしない。

ここに自分の探していた言葉があった、と感じる人もいるだろう。これが自分の姿だ、と、ぎょっとする人もいるかもしれない。（⇩つぶやき6）

小説には、社会からもルールからも自由になって、勝手に思うことが表現できる、という特徴がある。

その特徴は、決して小説を安易な娯楽にはしないが、人の中にきっとある「社会に出せない心」を、驚くほど鋭く描き出し、それによって読む人を、不思議な形で励ますことができる。

つぶやき5

僕が、小説は複数の人間と、その行為について書かれている、というのも、実はこの自由に関係がある。「自由」の、もうひとつの側面だ。

（何しろ小説は、ありとあらゆる部分で好き勝手ができるから、自由といっても、いろんな側面がある）

小説を知る人なら、きっと引っかかったはずだ。人間？　小説に登場するのは人間だけではないぞ。動物ばかりの小説だってあるし、地球上の生物が全然出てこない小説だってある。小説にあらわれるのが人間だけと、藤谷（＝僕）が思っているのなら、それはとんでもない無知、もしくは料簡の狭さだ。

そういう小説があることは、僕も知っている。だが一方で僕は、言葉を書いたり読んだりするのが人間だけだということも知っている。そして小説は自由に書かれている。

これらのことを考え併《あわ》せれば、小説にあらわれる動物や宇宙人、妖精や怪物や得体の知れない存在が、人間によって人間に読まれるように、自由にあらわれさせられているのは明らかだ。

人間は宇宙人や妖精どころか、隣に寝ている猫や犬の考えていることだって、本当はわかっていない。彼らが人間の基準でいう「考える」ことをしているかどうかも、よくわからんというほかはない。人間と同じように犬や猫が何かを思っているなんていうのは、人間の側の都合というか甘えというか牽強付会《けんきょうふかい》というか、そんなものだ。

小説にあらわれる存在は、全身ウロコだらけであろうと肩からベロが飛び出していようと、人間である。ただ通常の人間にない能力や判断基準を持っているというだけだ。

つぶやき6

ちなみに僕は「十九歳の地図」が、大嫌いだ。

初めて読んだのは二十かそこらの頃だった。この主人公ほどではないにしても、僕もまたささくれた、神経の張り詰めた、恵まれた人間をよく妬《ねた》む学生だった。

けれどこれを読んだ時、これこそが嘘《うそ》だと、強烈に感じた。小田急線の車内で読み終わって、僕は文庫本を真っ二つに引き裂き、さらにページを滅茶苦茶にひっちゃぶってしまった。まわりの乗客はきっと驚いただろう。目の前がくらくらしていたので、よく憶えていない。

許せなかった。こんな嘘を、あたかも真実の苦悩のように、焦燥のように、哀しみのように書いてあるこの小説は、最低のさらに下だと思った。

だけど、この小説のどこが嘘なのか、最低なのか、僕はうまく言葉で説明することができなかった。とにかく最低なんだ！　なんて叫んだって、そんなの、それこそこの小説の主人公と同じじゃないか。そう思って、僕はこの小説を読んだことを忘れることにした。

三十年たった。

この文章を書くために、僕はもう一度『十九歳の地図』の文庫本を買った。

最初に読んだ時にはバリバリの現役だった中上健次は、死んで、二十年以上も経っている。

読んで、やっぱり許せなかった。

そして、なぜ許せないか、僕にはまだ、わからないままだ。

この本に僕が引用しているのは、君に読んでほしいと思っている文学ばかりだ。嘘で許せないと僕が思っている「十九歳の地図」も、例外ではない。ぜひ読んでほしい。

僕にとっては嘘でも、君にとっては真実かもしれない。

君にとっても、この小説は嘘かもしれない。

それでも読んでほしい。

僕はこの小説に冷静ではいられず、逆上した。

逆上するほど、魂を揺さぶられたのだ。そんな小説は、そうあるもんじゃない。

この小説は嘘だ！　という気持ちと、それがうまく言葉にできないもどかしさ。

その逆上の強さが、僕を小説家にしたいくつかの原動力のひとつだったとさえ言える。

それほどの小説なのだから。

その4　小説は正史が取り上げない事物について書かれている

その4の1　取るに足りないこと

小説とは読んで字のごとしだ、という話はよくものの本に見かける。つまり小さい説である。小さいとは大きくないということだ。じゃ、百巻も二百巻もある小説は、小説じゃないのか、大説なのか、というと、そうとも限らない。

小さい、大きくない、というのは、分量や重量を指すわけではないのである。それは内容的な大小なのだ。「大したことのない話を説く」のが小説なのである。

そうなるとすぐに次の疑問が出る。そんなら、「大したことのある話」とは、なんなのか。

正史《せいし》である。正しい歴史だ。

ここで本来なら、んじゃあ「正しい歴史」ってのはなんんだ、という新たな疑問が出る。当然の疑問だけれど、申し訳ないことにこの巨大な疑問に僕には、きちんと答えるだけの知識がない。正しい歴史についてきちんと知りたい人は、史学の本にあたってください。ここでは小説に関わる部分だけ、そして僕の考える限りのことだけを書く。

古代の中国では、官僚の最も重要な仕事の一つとして、歴史の記述があった。いつ誰が、どの地域の権力を握ったか。どのような戦いが、どこで行われたか。その大将は誰であったか。それによって統治はどのようになり、どんな政治が行われたか。中国ではそれらが逐一、しっかりと記録されていった。これを記録する官僚を史官《しかん》といい、史官の記録した歴史を正史といった。『史記《しき》』『漢書《かんじょ》』『後漢書《ごかんじょ》』そして、みんな大好き『三国志』。これらは代表的な正史である。

史官は高級官僚である。これに対して身分の低い官僚に、稗官《はいかん》というのがいた。のぎへんに卑《いや》しいと書くところからもわかるように、でかい仕事はさせてもらえなかった。歴史の記述なんかもってのほかだ。

稗官の仕事は、町や地方を回って、庶民から話を聞いて、それを書き記すことだった。稗官の採取する話を、稗史《はいし》といった……らしい。実際にはどうやら、稗官による稗史として確かなものは、残っていないようだ。しかし古来からこの話はこのように語り伝えられ、稗史という言葉は今に残っている。

この、下級官吏がそこらのおじさんやおばあさんから聞いた珍談奇談の記録である稗史が、小説の先祖である。明治時代までは小説のことをそのまま「稗史」ともいっていた。

つまり言葉の本来の意味だけを考えれば、「正史↔稗史（＝小説）」という定式は得られるのである。小説は正史の扱わない事柄を書いたものなのである。——本来は。今ではもちろん、それこそ『三国志』に取材した小説や、歴史上の英雄や事績に取材した小説は数多い。それでもそういった小説が「正史」ではないことに変わりはない。

稗史は正史に現れない人々を描く。数千数万と十把《じっぱ》ひとからげにされる、その数千数万を一個の人間として見つめるのが、稗史の子孫である小説の役目だ。

この役目は重要である。この世に人間の営為を描いた文学が「正史」のほかになかったら、生きていた人間のほとんどが、砂のように風に吹かれて消えて行ってしまう。小説は、英雄とか、偉人、スターであるような人間ではなく、そこらの人間、スポットライトの当たらない人間、しかし語るにあたいする人間を描く文学である。

《これほどの大事をくわだてながら、なんとつまらんことにびくびくしているのだ！》彼は奇妙な笑いをうかべながら考えた。《フム……そうだ……すべては人間の手の中にあるのだ、それをみすみす逃がしてしまうのは、ひとえに臆病のせいなのだ……これはもうわかりきったことだ……ところで、人間がもっともおそれているのは何だろう？　彼らがもっともおそれているのは、新しい一歩、新しい自分の言葉だ。だからおれはしゃべるだけで、何もしないのだ。いや、もしかしたら、何もしないから、しゃべってばかりいるのかもしれぬ。おれがしゃべることをおぼえたのは、この一月《ひとつき》だ。何日も部屋の片隅《かたすみ》にねころがって、大昔のことを考えながら……。ところで、おれはいまなんのために行くのだ？　果しておれにあれができるだろうか？　いったいあれは重大なことだろうか？　ぜんぜん重大なことではない。とすると、幻想にとらわれて一人でいい気になっているわけだ。あそびだ！　そうだ、どうやらこれはあそびらしいぞ！》

ドストエフスキーの身をよじりたくなるような傑作『罪と罰』の冒頭部分から引用した（工藤精一郎訳）。

この「彼」は「十九歳の地図」の主人公と同様、貧乏な学生である。今、下宿を出て通りを歩いているところだ。

この学生はどうやら「大事をくわだて」ているらしい。でも同時にそれを「ぜんぜん重大なことではない」「あそびだ！」と、自分の計画を馬鹿にもしている。このあたりも「十九歳の地図」の主人公に似ている。

さらにこの学生が、どこまで行っても貧乏学生だというところも「十九歳の地図」と同じ。

ただこの学生はこのあと、実際にある「大事」をやってしまう。それはいたずら電話などという、ちゃちなものではない。そこが「十九歳の地図」と大きく異なる。そしてその「大事」と貧乏学生の人間関係によって、『罪と罰』は壮大なドラマが渦を巻く小説になっている。

それでも、この貧乏学生が歴史に名を残すわけでもなければ、立身出世の人でもないことに変わりはない。彼がやるのは確かに「大事」だが、それはたかだか新聞の社会面を何日かにぎわす程度のものでしかないのだ。

その程度のことをやった・その程度のことしかできなかった貧乏学生を描くのに、小説はほとんど一千ページを費やし、作者は精魂を傾けている。

貧乏学生の話なんか書かなくたって、世の中の大きな動きには別に影響もなかっただろう。あってもなくてもいい。もしも『罪と罰』がなかったら、この貧乏学生もいない（なんせ架空の存在だからね）。だけどいなかったからって、何がどうというわけでもなかったはずだ。貧乏な学生なんか、どこの国にも、いつの時代にも、大勢いる。

そんな吹けば飛ぶような、取るに足らない人物が、なぜ一千ページの小説の主人公なのか。なぜ作者はそんな存在を描くのに、精魂と年月をかけたのか。そして僕や（望むらくは）君は、なぜそんなのが主人公の小説を読むのか。

それは、僕たちもまた、取るに足らない存在だからだ。

とはいっても、僕は君を知らない。君は偉大な、例外的な人間なのかもしれない。今はそうじゃなくても将来は偉大になるのかもしれない。からかっているのではなく、その可能性は誰にでもある。

だが、やることなすことうまくいき、民衆の注目と支持を集め、功成り名遂げて歴史に刻まれるような人間なんて、ほんのひと握りだ。それ以外の僕（たち）は、懸命に生き、努力を重ねても、力が及ばなかったり、チャンスに恵まれなかったり、うまくいかない目にあう人は、とても多い。

そして、ポケットの中にある金をすべて賭けてもいい。歴史に名を残すような、偉大とされる人物だって、その心の中には、きっと「取るに足らない自分」を抱えている。隅から隅までオレは偉大だなんて信じて疑わない人間なんて、ドン・キホーテみたいに、どうかしちゃった人間だけだ。たいていの人間は、自分が「選ばれた人間」ではないことを知っている。

稗史の子孫である小説は、そういう人間のためにある。そういう人間を描く。もしも人間のおこないを描く文学が、正史しかなかったら、大事を胸に抱く貧乏学生は、文学の中に存在しなかっただろう。それは、僕たちが文学の中に存在しなかっただろう、といっているのと、同じなのだ。小説が描いているのは、僕たちなのだから。

小説が僕たちを描いている、ということと、小説が架空の人間を描いている、というのは、矛盾しない。もちろん、僕たちが架空の存在だ、などという意味ではない。

小説で描かれる人間は「類型（タイプ）」なのである。一人の人間として書かれてはいるけれど、現実にいる一人の人間を描くことをだけ目的にしているのではないのだ。その人間を描くことで、まったく同じではないが似ているところのある、多くの人間を小説は描いているのである。それも顔かたちを似せようというのではなく、その人物の経験や感情、出くわした物事に対する反応や判断を描くことで、読者に思い当たるものを感じさせるのだ。

小説は、ドン・キホーテを描きながら、同時に「ドン・キホーテのような人間」を描いている。貧乏学生を描きながら、「この学生のような人間」を描いている。

虚構の人間を自由に描くことによって、小説は「すべての人間」を描こうとしている。すべての人間なんて、大袈裟《おおげさ》すぎるのだろうか。大袈裟ではあっても「すぎる」とまでは言えないような気がするのである。

その4の2　非現実

もうひとつ、正史が取り上げない稗史の側面として、非現実がある。

虚構というのは、単に「実際にあったわけじゃない話」ということだ。

非現実は虚構の中でも、「実際にはありえない話」もしくは「ありそうもない話」だ。

あと、「今のところは、実現できない（実現してない）話」というのもある。

波乱万丈。荒唐無稽。支離滅裂。空理空論。我田引水。人造人間。幽霊屋敷。木星爆破。

小説ではなんでもありである。


「どういうことですか？——そのもっと巨大な規模の現象というのは？」邦枝がせきこんで聞いた。

「最悪の場合……」田所博士は、ごくりと唾をのみこんだ。「――これは、地震の被害の大小にはかかわらずだ。……最悪の場合――日本列島の大部分は、海面下に沈む……」

（『日本沈没』）

「なんですって、ちょっと待ってください」彼は思わずすわりなおした。「それはちょっと――途方もない大きさですね。二十兆キロというと……」

「わかりやすい尺度でいえば二光年だ！」

ダン部長は、彼をねめつけるように見すえながらいった。「長さ二光年、直径一・二光年の、茶筒みたいな物体が、五・八光年先に、九カ月前、いきなり出現したんだ……少しはおどろいたか？」

（『虚無回廊　Ⅰ』）

〝度々《たびたび》おつたえしましたように……〟と、さびのある太い声が、ゆっくりと言った。

〝昨日東部時間午前三時二十分以来、北アメリカと、外の世界との間の、一切の通信、交通が途絶しております。（中略）また、昨日午前六時以降、海外より合衆国へ到着予定の船舶航空機は、一つも到着しておらず、また、昨日午前三時以前に合衆国から海外へむけて出発した航空機は、いずれも連絡を絶ったままであります。〟

（「アメリカの壁」）

僕の大好きな大好きな、小松左京の作品から、特にとっぴょうしもない部分を抜き出してみた。いずれも、ほんの数行ずつだけれど、素晴らしい……。うっとりしてしまう。これらはいずれも、非現実の中でも「ありえない話」といえる。（⇩つぶやき7）
何億万年の時間で見れば、大陸が移動するくらいだから、日本も沈没するかもしれないが、二年や三年じゃ、とてもとても。作者の小松左京自身が、そんなことは信じていなかった。
日本が沈没する話など、正史に書かれるわけがない。デタラメである。嘘である。
面白く語られる嘘は楽しい。事実という足かせをはめられた正史にくらべて、はるか
に自由でもある。
しかし非現実の小説には、楽しくて自由という以上の意味がある。
日本列島は、本当には沈没しない。だが沈没するとしたらどうなるだろう？　まず、
どのようにしてこの広大な日本列島という地面は沈むか？　地球の構造から、地殻とマ
ントル対流の関係、そして日本列島を取り囲む、海底の断層。この小説が書かれ始めた
一九六〇年代後半に得られる、地球に関する知識と情報を集められるだけ集めて、小松
左京は渾身《こんしん》の力でデタラメを作り上げていく。
だが、小説はそれだけでは済まない。沈もうとしている日本列島の上に、一億人が住
んでいる。日本列島はひとつの国である。政治はどう動くか。国民にどうやってこの事
態を告げるか。国民を海外に脱出させるとなれば、とてつもない外交努力が必要になる。
外国は日本人を受け容れてくれるだろうか。沈没する前に、至るところで大きな地震が

起こるだろう。救助活動はどうなる。自衛隊は、海上保安庁は。そして、僕たちの生活は。日本に住んでいる人間は、一人残らず今の生活をすべて捨てて、着の身着のまま見たこともない土地へ逃れなければならない……。『日本沈没』は、そういいったすべてについて、可能な限り、いや可能を超えて描かれた、驚くべき小説だ。

すぐれた非現実の小説は、ありえない事態を設定することで、「そうなったら、どうなるか」を考える、思考の実験にもなりうるのである。

つぶやき7

ここでは触れなかったが、ありえない話や、ありそうもない話とは別に、「今のところは、実現できない（実現してない）話」というジャンルは、本当だったら別枠を設けて考えなければいけない。

これは、その小説が書かれた時点では、技術的に無理だったことを描いた小説のことで、そういう小説の代表作に、たとえばジュール・ヴェルヌの『月世界旅行』や

『海底二万哩《にまんり》』がある。ヴェルヌは十九世紀の時点で入手できた情報を集めて、人間が月へ行く方法や、潜水艦の可能性をできるだけ正確に描くことを目指した。その後の科学技術でどちらも実現したことは、君もご存知の通り。

科学技術に重点を置いた思考実験の小説は、それを読んだ人に科学的な知識の面白さを教え、その後に物理学者になったり、エンジニアになったという読者も少なくない。

僕に科学の情報が乏しく、しっかりした解説ができないために、この本ではそういう小説を紹介することができなかった。申し訳ありません。

その5　結論と付録（ストーリーと小説）

これまでの話をまとめて、小説を定義すると、こういうことになる。

複数の、多様な人間と、その行為について、個人が自由に書いた、正史に取り上げられないもの、それが小説である。

ところで、この定義には「ストーリー」とか「あらすじ」といった言葉がない。僕はこの、多くの人が小説と聞いて思い浮かべる言葉を、あえて脇に置いた。それが小説の構成要素として必要不可欠とはいえないからだ。

文章の中に複数の人間が現れて、あっちへ行ったりこっちへ行ったりすれば、そこにはおのずから「ストーリー」が生まれる……ように見える。

だけどそれは、円の内部に小さい円が三つあれば、なんとなく人の顔のように見えるようなもので、一種の錯覚なのではないかと、僕は思っている。

これは、小説と昔話をへだてる要素かもしれない。

昔話は形を変える。しかし変わることがない。それはストーリーの骨子《こつし》が変わらないのである。

実際、民俗学や文化人類学の分野では、昔話を採取、分析して、ストーリーの構造を何十種類かに分類しているそうだ。よく知らないが、たとえば「浦島太郎」と「舌切り雀《すずめ》」は、「お土産はもらうけど見ちゃいけない話」だから同じだとか、これに「鶴の恩返し」を加えると「見ちゃいけないシリーズ」になるとか、そんな感じなんじゃないかと思われる。

逆に言えば、物語の種類を知っておけば、昔話はいくらでも作れるということだ。「見ちゃいけないと言われると見たくなるので見たら大失敗」という骨子を持っておけば、「鶴の恩返し」みたいな話は頭さえひねれば作れる。実際、そのやり方で小説も書いちゃいましょうと指導する小説指南書もあるみたいだし、そうやって書かれた小説もある。

それはそれでいい。僕もそれに近いやり方で小説を作ることがある。

しかしそれは、小説の本質がストーリーではないことを、かえって証拠立てている。小説にとって、あらすじなんかどうだっていいのだ。

開けてはいけない玉手箱は、開かれるか、開かれないか、どっちかだ。どっちかでしかない。玉手箱が出てきた時点で、わかり切っている結末である。

大事なのは結末に至る過程である……といえば平凡だけれど、実際そうだ。

ある場所にある時、ある人がいた。そして別の人がいた。

これが小説にとって、極めて重要なのである。その人たちが何をしたかはその次に大事で、なぜそれをしたかがそれと同じくらい大事で、その人たちが結局どうなったかは、そのさらに次の次の次くらいにしか、大事ではない。

推理小説を考えてみれば、わかりいいだろう。推理小説は面白いから人気がある。けれどもみんな、あらすじはあらかじめ知っている。「事件が起こって、犯人がわかる」。まれに「犯人わからずじまい」とか「そもそも事件がなかった」とかもありそうだが、ひねってもそれくらいなものだろう。

それでも推理小説は面白いのはなぜか。わからない途中のところが面白いからである。アンドーヴァーでアッシャー夫人が殺され、ベクスヒルでバーナード嬢が殺され、チャーストンでカーマイケル卿《きょう》が殺される（アガサ・クリスティ『ABC殺人事件』）。病的に嫌な奴しかいない屋敷で、老婆がマンドリンで撲殺される（エラリー・クイーン『Yの悲劇』）。荒川区の高層マンションで、家族としか思えない人々の死体が発見されるが、すべて赤の他人同士だった（宮部みゆき『理由』）。

いずれも、身をよじってしまうほど面白そうじゃないか。ちらっと紹介しただけでソソるじゃないか。ちなみに今挙げた三冊は、読めばこんな紹介の何十倍も面白い。非常に優れた小説だ。

　小説にとってあらすじなんかどうだっていい、というのが暴論だとしても、『ABC殺人事件』のあらすじを読むのと『ABC殺人事件』そのものを読むのとが、まったく違った経験だというのは誰の目にも明らかだろう。アッシャー夫人とはどんな人か。カーマイケル卿とは、そしてアレクサンダー・ボナパルト・カスト氏（なんだこの名前！）とは何者なのか。

　あらすじを読んでわかるのは、小説に関するデータだけ。あらすじではなく、『ABC殺人事件』を読まなければ、それを経験することは決してないのである。

　今わざと二度使った「経験」という言葉が、ここから先のキー・ワードになるだろう。小説とは何かについては以上。ここからはここまで書いたことを基本として、ではその小説を読むというのはどういうことかについて考える。

第三章　小説を読む経験

文学について考えた。小説がどんなものかも考えた。

いよいよ、この本の冒頭で書いたことを考える。

小説を読むことは、君の人生にどんな役割を持っているのか。

小説は君の人生に、どんな役に立つのか。


第一章で僕は、読むことは経験だ、と書いた。

第二章では、小説を定義した。

ここでは、それをすべてひっくるめて、ゴタマゼにして考える。小説を読むとは、どのような経験を、君や僕に与えるのかを。

その１　人生が増える

人は誰でも、他人の人生を送ることはできない。

過去や未来の、あるいは外国の、さらには未知の世界の人生を送ることは、なおさらできない。

しかし小説を読むことは、それに近い経験になることができる。

少なくとも、自分の人生を生きながら、同時に、全然別の人生を送ることに、小説を読む以上に近い経験はほかにない。映画やゲームの経験も、そこまで行かない。

これは小説が君に与える経験として、もっともわかりやすく、単純なものだ。どんな小説も、読む君に別の人生を与えている。

たとえば、広いメキシコ湾にたった一人で小舟を浮かべ、十八フィートのカジキマグロを素手で捕まえることなど、誰にでもできることじゃない。

だがヘミングウェイの『老人と海』を読むという経験は、それがどんなことなのか、君に伝えてくれるのだ。

そのとたん、かれは右手に引きの変化を感じた。見ると水中の綱の傾斜がちがってきている。かれは上体をそらして綱を引きつけ、左手を強く何度も腿《もも》にたたきつけてみる。やがて綱が傾いたまま徐々に浮きあがってくるのが見えた。

「やつ、あがってきやがる」かれは自分の手を見ながらいった、「しっかりしろ。頼むからしっかりしてくれ」

綱は徐々に確実に浮きあがってくる。小舟の前の海面がうねるように盛りあがり、ついに魚は姿を見せた。が、まだ出きらない。背の両脇《りょうわき》から水がざあっと流れ落ちる。太陽の光線を受けて肌がきらきら輝く。頭と背は濃い紫色だ。脇腹にも幾筋もの広い縞《しま》が走り、薄紫色に照り映えている。くちばしは野球のバットくらいの長さがあり、剣のように先が細くなっている。魚は水面から伸びあがるようにして全身を現わしたが、すぐまた水のなかにもぐってしまった。ダイヴィングの選手のような鮮やかさだ。老人は大きな鎌《かま》のような尻尾が水中に消えていくのを認めた。綱がふたたびすべりはじめる。

「この舟より二フィートも長いぞ」老人は呆然《ぼうぜん》としてつぶやいた。（『老人と海』福田恆存訳）

『老人と海』を読みながら、君は海の上になんかいない。たった一人で巨大魚と闘うのが、どれほどの体力と気力を必要とするか、君は自分でその苦労を味わったりはしない。だが経験するのだ。海上の孤独。見えない魚の怪力。ひきつる左手。耐えがたい疲労と苦痛。『老人と海』を読むことは、老人と海にいるのと同じではない。だが今の僕や君がこういう人間であるままで、可能な限り老人と海にいることでもあるのだ。

小説を読む経験は、君に飛行機を操縦する気持ちを味わわせてもくれるだろう。

だが夜はすでに、黒い煙のように地表から昇ってきて、谷間々々を満たしていた。

平野と谷間の見分けがもうつかなかった。早くもすでに、村々には灯火がついて、彼らの星座は、お互いに呼びかわしていた。すると彼もまた、指で舷灯《げんとう》にまばたきさせて、村々に答えた。この灯火信号を見て、地上は緊張するらしい様子だった。それぞれの家が、その星に点火して、これを巨大な夜に向けた。海に灯台の火を向けるように。人間の生命をおおい包んでいるあらゆるものが、早くもきらめきだした。（サン＝テグジュペリ『夜間飛行』堀口大學訳）

考えてみれば、すべての漁師やパイロットが、自分の経験を言葉にしているわけじゃない。経験のまっただなかにいる時はいうまでもなく、大きな経験をした後でも、その経験に与えられる言葉は、ヘミングウェイやサン＝テグジュペリほどに的確で詩的な言葉ではないだろう。

逆に言えば、『老人と海』や『夜間飛行』を読んだからといって、漁師の苦労がだいたいわかるとか、職業飛行士の生活がおおむね理解できるとか、そんなことはない。

しかしそれでも、『老人と海』を読めば、『老人と海』に描かれた世界は、君の人生の中に刻まれるのだ。『夜間飛行』を読んでいる時の君は、『夜間飛行』という人生を生きることができるのである。

文字通り、一人の人間の人生を、丸ごと描いた小説もある。

音楽家の生涯を描いた、ロマン・ロランの『ジャン・クリストフ』、中国の農民一族を中心とした、パール・バックの『大地』、女流作家の追憶をたどる、イアン・マキューアンの『贖罪《しょくざい》』、幕末から明治初期の木曾《きそ》を舞台にした島崎藤村の『夜明け前』……。

もちろん引用なんかしない。長いんだもの。千ページはザラですよ。どこを抜き書きすればいいんだかわからない。

当然のことながら、長い小説を読み続けるのは大変だ。イヤになっちゃって途中で放り出すこともある。

しかしそういう大河小説を読み切ったときの達成感、満足感は、ちょっとほかでは得られないものがある。一人の人間の幼少時代から青年期、壮年期、老年期と読んでいき、ついにその生涯が最後のページと共に締めくくられると、なんだか自分の中にその人生が含まれたような、別の人生をまるまる生き切ったような気持ちになる。

小説は君の人生に、思いがけない別の人生を付け加えてくれる。それは完全な人生ではないし、現実の人生でもない。しかしそれは間違いなく、君の人生の一部であり、しかも君が、ただ生きていたのでは経験できないような、多彩でスケールの大きな人生の数々なのである。

その2　こっそり考える

母親が養老院で亡くなっても、葬儀で涙もこぼさず悲し気な様子さえ見せず、翌日に海水浴へ行って女友だちとコメディ映画を観に行って、その翌週に仲間の喧嘩《けんか》に巻き込まれ、知りもしないアラビア人を銃で撃ち殺してしまう。

そんな男が今の日本にいたら、マスコミもネットもいっせいに非難するだろう。社会の敵、異常な人物だと罵《のの》り、逮捕され死刑になったと聞いたら、安堵《あんど》する人も多いかもしれない。

アルベール・カミュの『異邦人』は、ムルソーという男の一人称で書かれている。その文章は、やけに冷たい。

きょう、ママンが死んだ。もしかすると、昨日かも知れないが、私にはわからない。

(窪田《くぼた》啓作訳)

という書き出しから始まって、葬儀のために会社に休暇を申し込んで、上司がしぶると、「私のせいではないんです」と言ったり、養老院の院長の話を、ほとんど聞かなかったりする。柩《ひつぎ》に寝ている「ママン」の顔を、ムルソーは見もしない。

門衛が食堂へ行って食事をするようにすすめた。が、腹がへってはいなかった。そこで彼はミルク・コーヒーを持って来ようと申し出た。私はミルク・コーヒーが大好きだから、承知した。(中略)今度は煙草《たばこ》をすいたいと思った。が、ママンの前でそんなことをしていいかどうかわからなかったので、躊躇《ちゅうちょ》した。考えて見ると、どうでもいいことだった。私は門衛に一本煙草をやり、われわれは煙草をくゆらせた。

夜、映画に行かないか、と私は尋ねた。彼女はまた笑って、フェルナンデルの出る映画が見たいといった。われわれが服を着たとき、私の黒いネクタイを見て、彼女は驚いたようだった。私が喪に服しているのかと尋ねた。私はママンが死んだといった。いつ、と彼女がきいたので、「昨日」と答えた。彼女は驚いてちょっと身を引いたが、何もいわなかった。自分のせいではないのだ、と彼女にいいたかったが、同じことを主人にもいったことを考えて、止《や》めた。それは何ものをも意味しない。いずれにしても、ひとはいつでも多少過ちをおかすのだ。

彼女は私のパジャマを着ていたので、袖《そで》をたくしあげていた。彼女が笑ったとき、私はふたたび欲望を感じた。しばらくして、マリイは、あなたは私を愛しているかと尋ねた。それは何の意味もないことだが、恐らく愛していないと思われる——と私は答えた。マリイは悲しそうな顔をした。

もちろん、私は深くママンを愛していたが、しかし、それは何ものも意味していない。健康なひとは誰でも、多少とも、愛する者の死を期待するものだ。

もう一度書く。もし、『異邦人』に書かれているような事件が起こったら、マスコミもネットも、ムルソーを非難する言葉であふれるだろう。
それは正しい非難なんだろう、多分。
だが、ここに小説の、特異な性質が現れる。僕も今まで書かないでいた性質だ。

L'ETRANGER
Albert Camus

小説が、正史の扱わない「非現実」を取り上げることができる、とは、前に書いた。その時それは、現実には起こらないような、ムチャクチャな空想を書けるということだった。

しかし「非現実」には、「虚構《きょこう》」という側面もある。

虚構も非現実も同じような意味だ、「嘘《うそ》」ということだ。

ただ「虚構（フィクション）」という概念には、ムチャクチャな空想でなくてもいい、という意味合いが含まれる。現実的な話でも、本当でなければ、それは虚構だ。

『異邦人』は、なんだかありそうな話だけれど、虚構だ。

だけど、よく知りもしない人を殺してしまう、という事件は、実際に起こる。

では『異邦人』と、「『異邦人』みたいな事件」とは、どこが違うか。

ひとつは、『異邦人』が、誰も傷つけていない、ということだ。実際の事件は、どこまでも悲痛な出来事でしかない。

もうひとつは、『異邦人』が、ただ、君にだけ読まれている、ということだ。

君が読まなければ、文学は存在しないと、前に書いた。ということは、君が読んでいる時だけ、文学は存在しているということだ。小説も同じ。『異邦人』も。

たとえそれが、本屋さんに山積みになっているような小説でも、教科書に載っていてみんなが義務的に読んでいても、映画やアニメになっていようと、君が読んでいる小説は、ただ、君にだけ読まれているのだ。

小説は君とだけつながっている。

たとえ同じものを読んでも、印象や感想は人によって違う。頭の中に浮かぶもの、小説から受け取るものに、どれひとつ同じものはない。そして、読んだものをそのまま、外へ出力することはできない。

さらに小説は、世のため人のためでなく、自由に書かれている。

おまけに、小説に限らず、文学を読んでいる時、人はどうしているか。

今の君がこの文章を、どこでどんな格好で読んでいるか、どんな理由で読んでいるか、僕にはわからない。だけどひとつだけ、これを読んでいる今の君について、これだけはまず間違いない、と僕に言えることがある。

これを読んでいる今の君は、黙っている。たとえこの文章を、人に読んで聞かせてもらっていても、聞いている君は黙っている。

小説を読んでいる時だって同じだ。人はその小説以外の、何も読んでいない。何も聞いていない。

こういう小説の特性は、何かに似ていないか。

秘密だ。

小説とは、君とその小説だけの秘密なのである。

もちろん、君はその小説を読んだことを、人に語ることができる。印象や感想をSNSに書くこともできる。

秘密だって同じだ。いくらでも人に語ることができるのが秘密だ。

それでも、それが秘密であることに変わりはない。ばれてしまった秘密、みんなが知ってしまった秘密のことを、「もと秘密」なんて言わないじゃないか。そういう秘密は、「公然の秘密」と言うじゃないか。みんなが知ってしまった後でも、秘密は秘密であることをやめない。小説とは、そういう秘密なのだ。

『異邦人』もまた、そんな君との秘密のひとつになる。もし、君がそれを読めば。（⇩

つぶやき8）

ベッドを共にした女性から、私を愛してる？　と訊《き》かれて、愛しているかどうかなんて意味はないが、多分、愛していない、などと答えたら、たいていの女性は「悲しそうな顔」になるだろう。そんなものでは済まないかもしれない。

だが、人は、常にベッドを共にした人を愛しているだろうか。

愛しているかどうかなんて意味はない、と思うことはないのだろうか。

もう一度、書こう。これは『異邦人』と君とのあいだだけの、秘密だ。誰にも打ち明けなくていい。親や友人はもちろん、恋人にも、僕にも語る必要はない。

小説を読んで、君は、ただ、その小説とだけ語り合う。

すると君は、君自身の秘密を知ることになる。自分の中に秘密があることに気付く。

愛しているかどうかに意味はないなどと、君は思わないかもしれない。それは君の秘密ではないかもしれない。

だが、『異邦人』がたんたんと語る秘密は、それだけではない。

そのすべてが、君には無関係の秘密だろうか。

本当に?

つぶやき8

この本には、いろんな本から僕が引用した文章が載っている。『異邦人』の文章も、僕が引用して、君が読んだ。

ということは、君と『異邦人』のあいだに僕が入った、三人の秘密ということになるのだろうか。

ならない。『異邦人』を引用した文章は、『異邦人』ではない。君は僕が引用した文章を読んでいるだけで、『異邦人』そのものを読んではいない。

人の文章をどれだけ引用しても、これは、僕の文章だ。

そして、僕の文章を君が読んだ、というのは、「僕と君との秘密」ではない。

これは、「僕の文章と、君との秘密」なのだ。

僕は、「僕の文章」とは、違う存在だ。今、僕の文章は君とともにあるが、僕は君のところにはいない。

僕の文章から、君が何を受け取ったか。それは僕にはわからない。それだけではない。

僕の文章が君に何を語ったか、それも僕にはわからないのだ。

僕にわかるのはただ、僕の文章が、僕に何を語ったかだけだ。今の僕は、僕が書いた文章を読む、読者の一人にすぎない。

その3　現実を見直す

僕がここで小説の特性について語っている時に、しょっちゅう使っている「非現実」とか、「虚構」とか、「嘘」というのは、なんだろう。

事実でないことだ。現実には存在しないことを、嘘とか虚構という。

つまり、嘘は現実があってこそ成り立つ。

山椒魚《さんしょううお》が立って歩いて、喋《しゃべ》った！　と言われたら、たいていの人の反応は決まっている。

「嘘だぁー」

ただの嘘なら、これでみんな笑ってオシマイだ。

しかし小説は、そんな嘘を平気でつく。ここに小説の、もうひとつの特性がある。

小説の嘘は、「ついてオシマイ」ではなく、「ついて始まる」のだ。嘘から始まるのである。

カレル・チャペックの『山椒魚戦争』は、この「山椒魚が立って歩いて、喋った！」から始まって、四百ページ以上続く。

なんでこんな単純な嘘で四百ページを読ませられるのか？『山椒魚戦争』は、小松左京にも影響を与えたといわれる世界文学の傑作で、その面白さは無類である。

スマトラ島の西にある小島で、二足歩行をし、ちょっとした道具を使うことができ、教えれば人の言葉も喋る、そんな山椒魚が大量に発見された、とする。

この「とする」というところが、ただの嘘と小説を分け隔てる。

さらにここから、「もしそうなったら、どうなる？」と続く。

第二章で紹介した『日本沈没』と同じだ。日本列島が沈没するなんていうのは嘘である。しかし小説は嘘をついて終わりではなくて、嘘をついて、さあ、それでどうなるか？　を描いていくのである。

山椒魚は生まれながらに持っている本能や、並みはずれた技術的器用さによって、とくに水中ダム・堤防・防波堤の建設、港湾・運河の掘り下げ、浅瀬や沖積土の除去、水路の清掃をおこなうのに適しているし、海岸線の確保と規制、近接水域の埋め立てなどもおこなう能力がある。これらの工事はすべて集団作業で、何百、何千という労働力を必要としている。それは、底抜けに安い労働力を自由に使えないかぎり、近代的技術といえども着手し得ない大がかりな作業なのである（「そのとおり！」「ブラヴォー」の声）。

（栗栖継訳）

みなさん、それだけではありません。山椒魚シンジケートの任務は、以上のべたもののみでおしまいになるていのものでは、決してございません。山椒魚シンジケートは、世界中で何百万匹もの山椒魚を従事させる仕事を、探求します。それは、海洋を征服する企画と構想を、供給します。ユートピアと巨大な夢を、宣伝します。新しい海岸と運河、大陸と大陸を結ぶダム、大洋横断航路のための一連の人工島、大洋のただなかに構築する新大陸の企画を、供給します。ここにこそ、人類の未来があるのであります。

こうして山椒魚は、訓練され、道具を扱い、人の指示を理解し、会話するようになり、世界中で下働きや汚れ仕事を任されるようになる。

すると——どうなるだろう？　これは、どういうことだろう？

困難で苦しい労働から解放された人間は、「ユートピア」を手に入れるのだろうか？

もしそうなったとしても、山椒魚は、いつまでも黙って人間の命令にしたがい続けるだろうか？

そしてこれは、現実の世界で歴史上にあった、何かに似ていないか？

小説の中で、さまざまな議論が起こる。山椒魚に教育を与えるべきか？　人間の法律は適用されるのか？　労働条件は？　山椒魚は、人道的に扱われるべきなのか？

なんといっても話が山椒魚だから、どれも真剣に語られれば語られるほど、ナンセンスに思えてくる。なんかちょっと、間抜けな感じがする。

だが同時に、そんな架空の話で繰り広げられる、ナンセンスな議論が、実際の人類の近代史にあった議論と、あまりにも似ていることが、無視できなくなってくるのだ。

やがて、読む前にはほとんどノンキな印象すらあった『山椒魚戦争』という題名が、不吉な予言となって、小説の中に姿を現す。

　それから数週間後、大英帝国海軍の砲艦ファイアボール号が、ココス諸島に寄って錨を下ろし、夜を迎えた。ふたたび、青白い満月の夜だった。海のなかから、山椒魚たちが出て来て、砂浜の上に円陣をつくると、おごそかに踊りはじめた。と、そのとき、大英帝国海軍の軍艦は、彼らのまんなかに、最初の砲弾を射ちこんだ。山椒魚のうち、木っ端微塵《こっぱみじん》にならずにすんだ連中は、一瞬、呆然《ぼうぜん》としていたが、やがて海の方に向かって逃げ出した。その瞬間、六門の大砲が、いっせいに火を吹き、重傷を負った数匹が、這《は》って渚《なぎさ》へたどりついたにすぎなかった。第二、第三の一斉砲撃の音が、空気をつんざいた。

フランス巡洋艦　山椒魚に魚雷攻撃される！
ノルマンジー海岸で起こった謎の事件
山椒魚の反乱！

ハロー、人間のみなさん！　平静を保って下さい。われわれはみなさんに対して、

Karel Čapek

なんの敵意も持っていない。生きていくために、今までより多くの水・海岸・洲《す》を必要としているだけなのである。われわれは数が多すぎるので、今でも、みなさんの海岸だけではきゅうくつなのである。だからわれわれは、みなさんの陸地を切り崩さざるを得ない。切り崩した陸地で、われわれは湾や島をつくっているが、この方法で、世界の海岸線は五倍になるはずである。われわれは洲を構築するが、それは深海では生活できないからである。深海を埋める材料に、みなさんの陸地が必要なのだ。われわれには、みなさんを敵視する理由はすこしもないが、われわれは、数が多すぎるのである。さしあたり、みなさんは奥地へ移住することができる。山地へ引きあげられても、いいのである。山地は、一番最後に破壊されることになっている。

チャペックは二十世紀前半のチェコに生きた芸術家だ。それがどんなに苛酷な運命だったか、君にはぜひ、本当の世界史を調べて確かめてほしい。

彼は文明の行く末に強烈な批評意識を持っていた。「ロボット」という言葉を創ったのがチャペックだというのはよく知られている。

彼の小説が読む者に「自分たちのいるところ」「自分たちのやってきたこと」そして「自分たちの行く末」を、激しく意識させるのは当然かもしれない。『山椒魚戦争』は端的に教えてくれる。小説が嘘をつくのは、偽の歴史を作るためであり、小説の中で偽の歴史の論理を展開させることで、読む人間に自分たちの生きている世界の、ほんとうの歴史を見つめさせるのだと。

その4　多様性を知る

サマセット・モームの『お菓子とビール』は、三人の登場人物が、ドリッフィールドという死んだ人間を思い出す話である。

アルロイ・キアという流行作家にとってドリッフィールドは、イギリスを代表する老いた大文豪であり、後世に残る巨匠である。

のこされたドリッフィールド夫人、エイミにとって、夫は一流の名士であり、恥ずべきところなどひとつもない紳士である。

だが、アシェンデンにとっては、そうではない。

小説家のアシェンデンは、青春時代に育った田舎の町で、まだ無名だったドリッフィールドと知り合っていた。三人の中でドリッフィールドの若い頃を知っているのは、アシェンデンだけなのである。

アシェンデンが憶えている若きドリッフィールドは、陽気で優しく、ちょっと皮肉で、誰とでも分け隔てなく付き合う男だった。

夫人もその当時の夫を知らない。彼女は二度目の妻なのだ。

アルロイ・キアはドリッフィールドの伝記を書こうと準備中である。無名時代を知っているアシェンデンに、当時のことを聞き出す。アシェンデンは喜んで思い出すことを語るのだが、キアにはその思い出が、ことごとく気に入らない。派手な色のニッカーボッカーを穿《は》いていたとか、自転車で遠乗りをしたなんていうのは、偉大な文豪のイメージにふさわしくないと、キアは思っているのである。

キアは、ドリッフィールドの若き日のスキャンダルや、老人になってからの振る舞いを、知らないわけではないのだ。伝記を書くつもりなのだから、エイミからも話は聞いている。

「（中略）例えば、奥さんが苦労してやっと止めさせた食事の癖があった。肉と野菜を食べ終わると、一切れのパンを手に持って皿をきれいにぬぐい、食べるのだそうだ」

「それがどういう意味だか分かるかな？　食べるものがなくて困った時代が長いため、入手できた食物は無駄に出来なかったのさ」僕は言った。

「そうかもしれないね。だが、一流作家の癖としてはみっともないよ。それから、（中略）喋る相手に選《え》り好みをしないのだ。自分に守るべき身分があると悟らない。昼食の席でエドマンド・ゴスとかカーゾン卿《きょう》とかいう有名人と会い、この人たちについての感想を水道屋だのパン屋だの衛生設備検査官などにぺらぺら喋るというのは、誰だって具合が悪いと思うだろう（中略）」（行方昭夫訳）

キアは、文豪の文豪らしくないところ、人聞きの悪いところは、あえて触れたくないのである。

いわばキレイな伝記を書きたいと思っているキアにとって、最も悩みの種なのは、ドリッフィールドの最初の奥さんである。

この女性は、田舎の酒場で働いていた女で、教養がなく身持ちが悪く、ドリッフィールドと結婚してからも、なかば公然と浮気を繰り返していた。しまいには地元の妻子ある田舎紳士と駆け落ちして、いなくなってしまった。

実は『お菓子とビール』では、ドリッフィールドと同じかそれ以上に、このロウジーという女性が、生き生きと描かれている。この小説は全体に人間の描写が見事だが、ロウジーの姿を描く文章は、まさに白眉である。

ロウジーについての印象も、三人はことなっている。

エイミはロウジーが「非常に悪い影響を夫に及ぼした。彼女は夫を道徳的に、肉体的に、経済的に破滅させるためにありとあらゆることをした。彼女はあらゆる点で、とりわけ知性と精神面で彼より劣っていて、彼が世に稀《まれ》な活力と生命力を持っていなかったら、到底生き残ることは出来なかったであろう」と思っている。

キアは彼女が「ひどく下品な花嫁」「がっちりした体の田舎娘」「彼女がよい人だったとは考えにくい」と思っているが、同時に「ドリッフィールドの傑作のすべてがその女と暮らしていたあいだに書かれたというのも、無視できない事実」とも考えている。

アシェンデンはロウジーを「夜明《ティーローズ》けのように清らかで、青春の女神《ヘーベー》のようでした。淡いクリーム色とピンクのこうしん薔薇のようでした」と賛美している。

一体、ドリッフィールドとは、そしてその最初の妻ロウジーとは、どんな人間だったのだろう。

『お菓子とビール』は、この二人――エイミやキアのイメージの中にだけ、そしてアシェンデンの記憶の中に残っている二人をめぐる小説だ。

小説は、君が読んでいる時にだけ存在する。そして君が読んだ小説は、君によって評価される。

『お菓子とビール』という小説の、「文意」と「味」の評価とは別に、登場する人物についても、君にはぜひ、評価してもらいたいと思う。読めば、自然と評価するんじゃないかとも思う。

しかし僕がいっているのは、ドリッフィールドとロウジーについてだけではない。というか、その二人よりもむしろ、この二人についての他の登場人物——それは僕が取り上げた三人だけではない——の意見や反応をこそ、評価してもらいたい。

僕の要約だと、なんだかあたかも、ロウジーに対してキアやエイミは偏見を持っていて、アシェンデンの観察こそ「正しい」かのように、思えるかもしれない。

小説全体が、アシェンデンの一人称で書かれているから、なおさら読んでいてもアシェンデンの見方で、ロウジーたちだけでなく、ほかのすべての人たちを見てしまいがちだ。おそらく、作者モームもそう見てもらいたいんだろうな、と思う。

だけど読む君は書いた人間に付き従う必要なんかない。

いや、読む君は、書いた人間にどんどん反抗すればいいと思う。（⇩つぶやき9）

できることなら君には、小説でロウジーやドリッフィールドの人物とその行為を読んだら、彼らについてほかの人々が抱く印象を、それぞれに尊重してみてほしいのだ。

エイミの立場にいたら、またエイミのような人間なら、あの二人をあのように考えるのは当然ではなかろうか。

キアの立ち位置と、処世術を考えれば、彼があの二人をあのように捉えるのも、無理はないんじゃないか。

そんな感じが少しでもつかめたら、小説は君の役に立っている。

モームは人物描写の名人だから、たとえモーム自身がイヤな奴だと思っていても、その人物には、無理がない。おかしな言い方だけど、エイミはエイミらしく、キアはキアらしく、ちゃんと描かれている。

それはまさに、小説が読む君に向かって「人間の多様性」を提示しているということだ。

いろんな人間がいる。――当たり前だ。

すべての人間が、僕のお気に入りなわけではなく、君と相性がいいわけでもない。

――これも当たり前だ。

僕や君とウマが合わない人間や、どう考えても悪人にしか思えない人間にも、彼らの言い分や、考えや、ものの見方がある。——これを当たり前とはいえない。

イヤな奴、理解できない人間はもちろん、それほど嫌いな人間でなくても、人の身になって考えることは難しい。

ましてや、いろいろな人間の、いろいろな考え方、感じ方と、君自身の考えや感じ方を、横一列に、同等に考えることは、とても難しい。どうしたって自分優先になる。

小説を読んだくらいでは、自分優先をなくすことはできないだろう。なくしていいかどうかも、よくわからない。

だが小説を読むという経験は、「自分は一人ではない」ということの本当の意味を、絶えず君に伝えているのだ。

君のように感じ、苦しみ、喜び、怒り、うんざりするのは、君一人ではない、という意味も、小説にはある。

そして同時に、「すべての人が君と同じように、『自分』なのだ」という意味での「自分は一人ではない」ということも、小説を読む経験は、君に伝えるのだ。

それが受け止められた時、君は知らないうちに、君という人間の幅を、大きく広げている。

つぶやき9

よく現代文の試験に、「この文章における作者の意図は」みたいな問題が出る。

なんなんだあれは。

なんで読んでいる人間が、書いた奴の意図を汲《く》み取ってやらないといけないんだ。

「どう書くのも自由」なのと、「どう読むのも自由」なのは、まったく同等である。

どっちかといったら、「どう読むのも自由」の自由の方が、やや優勢なくらいである。

読んでいるこっちに、書いているアッチの意図なんか、知ったことか。

試験はいい点とらなきゃいけないんだろうから、この手の問題が出たら、それっぽく答えておけばいいが、君が自分のために本を読むときには、「作者の意図」なんかを優先させてはいけない。

それよりはるかに大事なのは、もちろん、それを読んでいる「自分の意図」である。

ただ、このテの試験問題にも、意味がある。

それは、「誤解をしてはいけない」という意味だ。

第一章で書いたように、小説に限らず、文学は「文意」と「味」によって評価される。

そして、文学が言葉でできていて、言葉が物事を伝えるためにある以上、「文意」は「味」より優先されなければならない。

「花である」と書いてあれば、それは「花」という意味だ。

しかし「あの人は私の心の花である」と書いてあっても、「あの人」のことを「花」といっているわけではない。

それを、「この文章を書いた人は、人間を植物だと思っている」と読んでしまったら、それは読んでいる君の「意図」ではなく、ただの「誤解」だ。

「書く自由」は、文意が整っていて、初めて成り立つ。

同様に「読む自由」は、文意を誤解せず読んだ先にだけ成り立つ。

だからまあ、作者の意図を問う試験問題も、ちょっとはカンベンしてやってもいい。

その5　すべての人の「自分」

もう一度、繰り返す。

自分以外の人間もまた「自分」を持っている。

小説が僕や君に教えてくれるのは、そんな、単純そうで単純でない、大切な真理だ。

人はどうしても他人のことを、「自分との距離」で見てしまう。

相性がいいとか、悪いとか。あの人の気持ちがわかるとか、まったく理解できないとか。

しかし人間は、君との距離で存在しているわけではない。

どんな人間も、自分自身を出発点にしている。

その「出発点」を、小説は、常に複数持っている。たとえどんなに自己中心的な小説であっても。

書いている作者自身が、主人公以外の登場人物を、単純にしか考えていないような小説でさえ、思い入れは主人公にだけ向けなきゃいけない、なんてことはない。

すべての人間に自分という出発点があること、誰もがその出発点から、ほかの人との距離を作っていること、自分だけが出発点の持ち主なのではない、ということ。

小説に複数の人間が現れる、それを読むことで、君は君という人間を、それだけ大きく、幅広く、豊かにするのだ。

料簡の狭い人間は、自分のことしか見えていない。世界に「自分」というのが、自分が持っているこの自分しかないと思っている。

そりゃあ、どんな人間も「自分」を持っていると言われれば、誰でもわかるだろう。だけど実際には、人のことをそうは見ていない。

自分と比べて上か下か、自分に関係あるかないか、自分にとって有益かどうか、自分の考えで善か悪か。

人をそんな風にしか見られない人間は、狭量《きょうりょう》である。それは結局、自分はどんな人の、ことも判断できるんだという、思い上がりと同じだ。

小説は、「世のため人のため」を、考えてもいいが、考えなくてもいい。世の中のことを考えたら、やってはいけないことや、悪いに決まっていることをやるような人間も、小説には平気で現れる。

『異邦人』のムルソーがやった行為を、現実世界でやれば、法と社会に罰せられる。小説の中でも、法と社会は彼を罰する。

だがそんな許せないはずのムルソーの行為や言葉（として書かれている文章）が、読んでいる君に、人に言えない共感、秘密の共感をおぼえさせることがある。

殺人者、愛に意味を感じない男の中に、自分と同じものを見つけてしまう。

そんなことが、小説を読むという経験では、起こることがあるのだ。

もちろん君は、反社会的な人間ではないだろう。そうなりたいとも思わないだろう。だが、そんな君が、明らかに反社会的な人間とのあいだに、響き合うものを見つけてしまったら。

君は社会的に悪の要素を持っているのだろうか。もし君がムルソーに共感したら、君の中には、全部ではないにしてもいくぶんか、ムルソー的なものが含まれているのだろうか。

僕にはわからない。僕は君を知らない。

僕はただ、僕の「読む経験」から答えるしかない。

もし君がムルソーに共感するものを持っていれば、君の中にはムルソー的なものがある。

それでいい。

君が実際に、人に暴力をふるったり、人を差別したりするのでなければ、君は君の中に、冷たいもの、よこしまなもの、恐ろしいものを、持っていてもいい。

本当は良くないのかもしれない。心が冷たければ、温かくしなければならず、よこしまな心なんてものは潰して、なくしてしまわなければならないのかもしれない。

だがそんなことができるのか。できるのなら、それでもいい。

でも自分で自分をごかますのは、自分で自分を縮こまらせるのと同じだ。

自分の中にムルソーがいる。あるいは、ドン・キホーテがいる。『罪と罰』の貧乏学生がいる。

それを、誰にも吹聴《ふいちょう》したりせず、静かに自分の秘密にして、しかし自分には隠さないでおくこと。

それが君という人間を大きく、豊かにする。

自分の中にみにくいものがあると認めるのは苦しい。小説を読むという経験は、決して君を甘やかしたりしない。

けれど、それは絶対に、苦しいだけの経験ではない。苦しさは、小説を読むという経験の、一部分にすぎない。

小説を読む経験は、君を慰めることもある。励ますことも、笑わせることもある。

そういった、楽しい経験が、苦しい経験よりも劣っているとか、無駄だということはまったくない。

ただ、読むという経験の過程で、苦しかったり、悩ましかったり、悲しかったり、つらかったりすることに出くわしても、その経験を放り出さないでほしい。

君はすぐには気がつかないかもしれないが、その時、君は小説を読む以前より、ずっと深く自分を知っているのだから。

そして小説を読んで君が経験する「自分」は、君だけの「自分」ではないのだから。

その6　陶酔

小説は芸術か、という問題が、文学論の中で考えられることがある。

芸術である。

なぜなら、文学の中でただ詩と小説だけが、読む君をうっとりさせることができるからである。芸術は、それを受け取る人間を、うっとりさせるかどうかで決まる。

小説を読んで、うっとりする。陶酔する。

この楽しみには、ちょっとほかでは替えられないものがある。

小説を読んで感じる陶酔は、これまでの話の中でいえば、評価の「味」にあたる。いってみれば、小説の「おいしさ」だ。

何をおいしいと感じるかは人それぞれだから、これを定義したり、一般論にするわけにはいかない。僕がおいしいと感じる小説が、君にもおいしいとは限らない。

だからここでは、僕の勝手なことを書かせてもらう。

僕にとって小説の陶酔は、この本にここまで書いてきたことを、すっかりとっぱらったところにある。

小説を読んで考えたり、自分を知ったり、多様性がナントカとか、そんなもの、風に吹かれて飛んでいってしまう。それが小説の陶酔だ。

ストーリーなんか、どうでもいい。書いてある文章の意味さえ、理解しようと思わない。

とにかくぼーっとなってうっとりして、お酒も飲まずに酔ってしまう。

そういう小説が、僕にはあるのだ。

小説を読むことは、僕にとって、たいていの場合、仕事と関わりがある。読むのが仕事そのもののこともある。

職業として小説を読んでいると、いつしか小説が、限りなく仕事とイコールで結ばれてしまいかけてくる。さいわい、完全にはイコールにならないんだけれど。

それは、小説にとっても、僕という人間にとっても良くない。読むことが惰性になったり、機械的になったり、うるおいのないものになったりする。

そういう時、たいていの大人は、読むことから一時的に離れる。頭を休める。そして家に帰ってきたお父さんみたいに、ビールを飲んだり、床に寝っ転がって野球を見たり、知り合いとカラオケに行ったりする……らしい。

僕もそういうことはするけれど、それはどうも、本を読む経験を、惰性でなくするわけではなさそうだ。本から離れて別のことをすれば、自分はリフレッシュするかもしれないけれど、本を読む経験をリフレッシュはさせないのである。だって野球が終わったら、また仕事のための読書に戻るだけなんだからね。

僕は本を読む経験をリフレッシュさせるには、本を読むのがいちばんいいと思う。

こんなことをいうと、頭がどうかしているんじゃないかと思われるかもしれない。そんなのなんだか「ご飯をおかずにご飯を食べる」みたいじゃないか、と言われるかもしれない。

まあそう思われても構わないが、僕としては、小説を読んでうっとりする心を、失いたくないのである。こんな本を書いておいて、終わり近くに書くことじゃないかもしれないけれど、小説を読むたんびに、読むことの役割や特性を、いつもいつも追求するなんておかしいと思うのである。

ここまで、夏目漱石《そうせき》やサマセット・モームの小説を読んできて、ちょっともう、考えながら小説を読むのに、疲れてきている。

そんな僕は今、何よりもまず、ジュリアン・グラックの小説を読みたい。

人びとのざわめきや強烈な灯火の中から抜け出すと、館の上階は深々と眠っているように見えた。私の前には、石を敷いた廊下が静まり返ったまま暗がりの中へ消えている。入海に開かれた大きな窓が一面に夜の青さに染まり、それらの窓を通して、すぐ近くの水面から照り返す月の光の網模様が、穹窿《きゆうりゆう》の上にかすかな明りの呟《つぶや》きのようにゆらめいている。私はあいている窓枠の一つにしばらくよりかかった。ランプを掲げたような、静かな夜だった。(『シルトの岸辺』安藤元雄訳)

美しい文章だ……。

夜のことが書いてあるらしい。僕はここから、小説の特性を引き出そうとも思わないし、論理的・倫理的な何かを考察したいとも思わない。グラックは偉大な小説家だそうだ。現代文学に問題提起もしているそうだ。

知ったことか、そんなの。


僕はまた、くたびれた一日の終わりに、室生犀星《むろうさいせい》の小説を枕辺《まくらべ》に置いて、一頁《ページ》か二頁、ぼんやり読むのが好きだ。

筋も内容も覚えない。ただ文章を眠くなるまで、疲れた目で追うだけだ。そんな読書を、室生犀星は僕にくれる。


幾夜か過ぎ、また十日あまりも経って、紫苑《しおん》の上はかわりかけている自らに気がついた。それは自らの時間というものを失い、何時も空《から》になっている自らがただ夜というものを待ち憧れていることだった。永い昼のあかるさ、そこに漂うている時間というものが、すでに、紫苑の上のものでなくなっている。何時も誰かが眼の中を往来して居て、そのものは決して放れることなしに、寧《むし》ろ紫苑の上自身がそれを放さずに縋《すが》っている。そういう縋っている自身のあわれさがちらついているからだ。わたくしとしたことが斯様《かよう》にひとすじに、自分の失くなるまでに考え続けているのは一たい誰のせいなのであろう。誰の生き身がいままでにない日々の切ないものを与え、それが紫苑の上の小さい動きにまで支配を続けてくるのだろうと、手を灑《すす》ぎ、頬をみがく少時のあいだにすら、それが彼《あ》の方の眼にはいる時の考えを捨てられないのは、いままでに一度も経験のないことであった。(『かげろうの日記遺文』二　山辺の垣ほ)

僕はこの文人の、腰のあるようなないような、始めと終わりが整っているようないないような、どこが何と言えない文章を読んで、ただ酔う。ただどこまでも読んでいたいと思う。ただただ「アア……」とか「ハア……」とか、心の中でさえ言葉にならない声をあげて、この文章がこの世にあってくれてありがとうと、こんな小説が自分の手の中にあるしあわせを感じながら、うとうと寝入っていくばかりである。

ただ、読んで、うっとりする。これ以上の慰安が世の中にあるとは思わない。

君にもぜひ、君だけの陶酔できる小説を探してほしい。

おわりに

読書に親しむのは青少年時代の特権だ、なんていう話を聞く。

難しくて長くて、浮世離れをした文学なんてものと付き合うのは、夢見がちで世間知らずの若いうちに限る。大人になれば人間は、文学だの小説だのといった、絵空事を相手になどしていられなくなるものだ。……そんな風に思っている「おとな」は、今でも少なくない。いや、もしかしたら昔より今の方が、そんな考えの「おとな」は多いのかもしれない。そういうことにしておけば、自分が文学を知らないことを、少しは正当化できるから。

これを書いている僕は、五十代も半ばの、いい「おとな」だ。

「おとな」になったら、人は文学や小説から、卒業した方がいいのだろうか。卒業するのが普通なのだろうか。

こんなことを、調べてみた。

「鼻」が本になったとき、芥川龍之介《あくたがわりゅうのすけ》は二十四歳。
「十九歳の地図」が本になったとき、中上健次は二十七歳。
『異邦人』が本になったとき、カミュは二十九歳。
「アッシャー家の崩壊」が本になったとき、エドガー・アラン・ポオは三十歳。
『夜間飛行』が本になったとき、サン＝テグジュペリは三十一歳。
『草枕』が本になったとき、夏目漱石《そうせき》は三十九歳。
『シルトの岸辺』が本になったとき、ジュリアン・グラックは四十一歳。
『日本沈没』が本になったとき、小松左京は四十二歳。
『罪と罰』が本になったとき、ドストエフスキーは四十五歳。
『山椒魚《さんしょううお》戦争』が本になったとき、チャペックは四十六歳。
『そして誰もいなくなった』が本になったとき、アガサ・クリスティは四十九歳。
『老人と海』が本になったとき、ヘミングウェイは五十三歳。
『お菓子とビール』が本になったとき、モームは五十六歳。

『ドン・キホーテ』が本になったとき、セルバンテスは六十七歳。
『かげろうの日記遺文』が本になったとき、室生《むろう》犀星《さいせい》は六十九歳。

こうして、この本に引用した小説と、書いた人間の年齢を並べてみると、少なくとも小説を創り上げるという経験は、青春の産物などでは決してないことが、改めてはっきりする。

二十代のうちから光り輝く創作を成し遂げた人もいれば、働き盛りの人も、老境に至った人もいる。

人生のあらゆる時点に、文学はある。

少年時代に「おとなの書いた文学」と思って読んだ漱石やポオが、今は自分より年下になっている。

最初は「少年少女読み物シリーズ」みたいなリライト版で読んだ『ドン・キホーテ』の作者は、今の僕より十歳以上も年上だった。

もちろんこれらの小説は、世界に名だたる傑作ばかりだ。これらを書いた人たちは天才であり、その天才の創作の中でも、これらは選りすぐりの作品、傑作中の傑作ばかりである。

一方でそれを読む僕は、取るに足らない平凡人にすぎない。彼らの小説が自分と同じ目線に下がってくるわけではない。読むこちらの知能が増すわけでもない。ただ響くのだ。かつて若かったころには、ただひたすら苦しく重く、やりきれないだけの場所だったこの世界に向けて、しかしそれでも彼らが、闘うのをやめなかったこと。そしてこの年齢に達したとき、おのおのが摑《つか》んだものがあるということ。彼らの小説は、その闘いと年齢と摑んだものを言葉にして、今も前へ進んでいる。

小説を読むとは、その前進する言葉の轍《わだち》に全身が励まされる経験にほかならない。

小説は人生の友だちだ。

君が今、いくつだろうと、どこにいようと、また、君がこれから、いくつになろうと、どこに行こうと。

小説は君の人生を増やし、君の秘密を語り、君の知る現実や人間たちを、ともに考える。

今も小説は、待っているのだ。君に語りかけるのを。君が語りかけるのを。

とっかかりが欲しい人のための小説案内

この本で文章を引用した小説は、どれもこれも面白くて読みごたえのある（そして「定評がある」）作品ばかりだから、これ自体が「小説案内」になっているともいえる。ただ僕としては、これだけでは足りない。君に紹介したい小説が、まだまだたくさんある。

それに、こういうリストを作るのは楽しい。あれにしようかな。これも入れたいな。そんな気分で何冊かを挙げることにする。

僕は今、自分に制約を設けて、小説を選びたいと思っている。

これから小説を読みたいと思っているんだけど、何から読み始めたらいいかわからない人がいるとしたら、どんな小説を薦めるか？

もっとも、正直な話をすれば、どんな制約を作ったって、僕が本音で人に薦めたい小説は、決まっている。

僕の小説だ。僕は世界全人類に僕の小説を読んでもらいたい。できれば定価で買って、読んで欲しい。もちろん、君にも。というか、まず誰よりも、君に。遠慮もケンソンもあるものか。生活がかかってる。

だけどまあ、今回はそういう、見苦しい真似《まね》はやめておこう。

その代わり、全世界にいる僕の「ライヴァル」も、実はすでに、この本からは締め出してある。

「現役の人の小説」だ。これを書いている二〇一八年六月の段階で生きている人の書いたものに、この本ではほとんど触れていない。この小説案内でも、そうしよう。

それから、本文で紹介した小説を書いた作家の、ほかの作品もここでは除外する。キリがないからだ。ドストエフスキーやモームの小説を、僕は全集で読んでいる。あれもこれもと紹介したい。でもそんなことやっていたら、この本がどんどん分厚くなっちゃう。それにそんなことをしたって、君が全部を読んでくれるとは限らない。

あくまでもこれは「とっかかり」だ。この本全体がそうなのだ。もしもこの本で触れた、ドストエフスキーの『罪と罰』を、君が面白そうだと思ったら、君は『罪と罰』を読むかもしれない。そして『罪と罰』が君に感銘を与えたら、君はドストエフスキーのほかの小説を読むかもしれない。そうなったら、すごい！　僕もこの本を、苦労して書いた甲斐《かい》がある。

だからチャペックやアラン・ポオには、ほかにも面白い小説がうんとこさあるんだけど、それは君が発見することを期待して、ほかの小説をここでは紹介することにしよう。

ほかに気をつける点として、

・そんなに長くないもの（例外あり）

・ちょっと大きめの本屋さんにいけば、手に入るもの（多分、例外あり）

・教養として世界的に通用するもの（例外なし）

最後の「教養」は、「文学の専門家でなくても」という意味だ。

文学は世界的に、一般的な良識（コモン・センス）と見なされている。どんな分野で活躍している人でも、文学について知識がまったく欠けているという人は少なく、専門分野ですぐれた人ほど、文学にも造詣が深い（ことが多い）。

何度も書いたが、文学は君が読むためにあり、小説は君が読むのを待っている。

だが同時に、すぐれた小説は、それを読んでいるということで、人から親しみを感じてもらえたり、尊敬されたりする場合もある。

そんなのは、君の「読むという経験」にとっては、本質的ではないが、親しみや敬意というのは、余得《よとく》としては悪くない。

前置きが長すぎる。ではいきます。

ジェイン・オースティン『高慢と偏見』

これが小説。そうキッパリと迷いなく言い切れる小説はめったにないけれど（なんせみんな、自由に書いているから）、これはその稀有《けう》な一冊。

十九世紀初頭のイギリスの地方を舞台にした、恋愛小説。生き生きとした人物たち。皮肉な観察。軽やかな話の運び。そして繊細な情愛。いつ読んでも、何度読んでも、これを読んでいる時、僕は幸せだ。翻訳によっては『自負と偏見』などのタイトルもある。

ロバート・ルイス・スティーブンスン『宝島』

小説の話をしてスティーブンスンの名前を出さないなどということは、ありえない。大西洋を舞台にした、海洋冒険小説。地図と海賊。戦いと少年。ユーモアとサスペンス。「面白い小説」の、基本中の基本。

チャールズ・ディケンズ『二都物語』

いきなり例外。長い小説だ。それでもディケンズにしては短い方だと思う。短い小説では、ディケンズの醍醐味《だいごみ》を充分に味わえるとは言えない。

革命時代のパリとロンドンの二都を行き来する、命がけの悲恋物語。フランス革命というと、勇敢な民衆の蜂起《ほうき》！　みたいに描かれることが多いが、この小説ではまったく違う描かれ方をしているのも興味深い。

ヴァージニア・ウルフ『オーランドー』

イギリス人作家四連発だ。正直いって、小説というのは十九世紀以来のイギリスの小説が基準になっていると考えて、そう間違いじゃないんじゃないかと思う。僕の偏見かもしれないけれど。

十六世紀末のイギリス貴族で詩人で、男で、女であるオーランドーの、三百六十年にわたる半生を描いた小説……って何いってんだかわからないでしょ。イカれてんのよ、この小説。難しいかもしれないけど、まあ読んでみて。

ジョセフ・コンラッド『闇の奥』

コンラッドもイギリス文学の巨匠だが、生れはポーランドで、三十手前でイギリス国籍を取った。英語の読み書きも二十歳を過ぎてから学んだらしい。

アフリカの奥地で消息を絶ったクルツという男を探して、船乗りがジャングルの河をさかのぼっていく。それは単なる、行方不明者の捜索ではなくなって、いわば人間の混濁へ分け入っていく旅になる。

ヘンリー・ジェイムズ『ねじの回転』

女性家庭教師が赴任したイギリスの人里離れた古い邸宅に、死んだいまわしい男の幽霊が……。

こう書くと、よくある怪談話のように思えるかもしれない。確かにこれは、一応そういう形で書かれている小説だ。

けれども果たして君はこれを読んで、幽霊だ、なんて思うだろうか。いやちょっと待って、何この小説？　と首をかしげ、途方に暮れてしまうかもしれない。

文章だけでできている、という小説の特性、そのあいまいさが、そんじょそこらの怪談にはない恐怖と、えもいわれぬ魅力になっている。

マーク・トウェイン『ハックルベリ・フィンの冒険』

黒人が奴隷だった時代のアメリカ南部で、少年ハックと奴隷のジムが自由を求めて逃走の旅に出る。

愉快な冒険小説で、愉快な事件が盛りだくさん。しかし読み進めるうちに、「自由」や「差別」と「現実」とのぶつかり合いが、一筋縄ではいかない問題をはらんでいることに気がつくかもしれない。小説の終盤では、そのぶつかり合いに作者自身が耐えられなくなってしまったのではないかと、僕なんかは思う。

ギュスターブ・フローベール『三つの物語』

この小説、結構いろんな翻訳が出ているのだが、これを書いている現在どれも入手困難らしい。でもここに入れさせてもらう。専門家しか知らないような、「マニアックな」小説では決してない。

題名通り、三話の長めの短編小説が収められている。どれもタイプの違う作品だが、フローベールが書いた長い作品のタイプが、それぞれに現れている。そのうち「純な心」（翻訳によって「まごころ」「素ぼくな心」など）は、地味で愛情深い家政婦を描いて、忘れられない。新しい翻訳が出ることを切望する。

ヴィクトル・ユゴー『レ・ミゼラブル』

運命の神様におちょくられているんじゃないかというような男、ジャン・ヴァルジャンの波乱万丈すぎる生涯を描く。

長い長い。分厚い文庫本で全四巻。途中で放り出したくなるんじゃないかと思われるかもしれないが、これがならない。たまに挫折しかけるけれど、それも長い小説を読む楽しみのひとつだ。時間をかけて読み進めれば、間違いなく自分の中に大きな経験となって残るだろう。

レフ・トルストイ『戦争と平和』

『レ・ミゼラブル』よりなお長い、なお複雑で規模のデカい、小説の王様みたいな小説。アウステルリッツの戦いから、ナポレオンのロシア遠征失敗に至る時期の、ロシア貴族を描いた小説。

これは正直、かなりな歯ごたえの小説で、一度や二度の挫折はやむをえないと思う。僕は最初読み終えるのに、二年かかった。

そんな難物を「とっかかり」の小説として挙げるのは、たとえ君が、まったく小説に興味がなくても、単に一般的な教養や、常識のバランスを取るために、小説というものも一応知っておくか、くらいにしか思っていなくても、これだけは読んでおいて欲しいからだ。

小説には、何ができるか。どこまでできるか。どれほどのものを、含み入れることができるものかを、『戦争と平和』は、最大限に示している。

読んでいるといないのとでは、人間としての力が違うのではないか、と思ってしまうくらい、これは重要な小説だ。

フランツ・カフカ『変身』

ある朝、訪問販売員のグレゴール・ザムザが目を覚ますと、巨大な虫になっていた。

……となれば、これは本文で書いた「嘘《うそ》から始まる小説」ということになるのだろう。

だがこの小説には、嘘の感じがまるでしない。ホラ話の楽しさがあるわけでも、ザムザの変身に科学的な裏付けやコジツケがあるわけでもない。ただ変身する。

それが嘘に感じないのは、これが人ごとに思えない小説だからかもしれない。

エーリッヒ・ケストナー『点子ちゃんとアントン』

お金持ちの娘である点子ちゃんと、貧しい母子家庭のアントンの物語。

――なんだけれど、実はケストナーの作品で、これが最上というわけではない。ケストナーに最高傑作というような抜きんでた小説はないと思う。逆に言えば、ケストナーの小説なら、僕は全部おすすめしたい。子ども向けの小説が知られているが、『雪の中の三人男』などのユーモア小説、退廃的な風刺小説『ファビアン』など、どれも優れている。

イタロ・カルヴィーノ『まっぷたつの子爵』

戦争で大砲の攻撃を受けた子爵が、左右まっぷたつになり、右の半分は悪そのもの、左の半分は善そのものになって、故郷に帰ってくる。

簡潔で遠慮のない文章は、昔話に影響を受けている。カルヴィーノはイタリアの民話を採取して『イタリア民話集』を作った。昔話の残酷さや力強さに魅了され、ほかに『木のぼり男爵』『不在の騎士』を書いて、「我らの祖先三部作」とした。

ガブリエル・ガルシア＝マルケス『百年の孤独』

マコンドという村を開拓したブエンディア一族の、百年にわたる奇想天外な事績を描く。

この小説は難しいという評判があるそうだが、どこが難しいのか僕にはわからない。綴《つづ》られるのは、これでもかコレデモカと続く言い伝え、嘘、ホラ話。幽霊あり空飛ぶ絨《じゅう》毯《たん》あり、恐怖の結婚あり殺人あり五年間振り続ける雨ありで、面白さという基準で言えば、これ以上面白い小説はほかにないんじゃないかと思う。ちなみに僕はこれを読んで小説家を目指すようになった。

ホルヘ・ルイス・ボルヘス『伝奇集』

一作長くても二十数頁《ページ》の小説が十数編集められた短編集。だがこのうちの一篇《いっぺん》でもすんなり読める人は珍しいと思う。すさまじい文学的知識と、言葉の凝縮によって、ここにある小説のひとつひとつが、固形スープよりもまだ濃厚で、万華鏡よりはるかに多彩な幻惑世界を創り出している。一気に読むのは要注意。めまいがしてくるから。

聞いたことのない人名や書名がばんばん出てくるが、臆《おく》することなく読み進もう。するとそこに現れるのは、あまりにも現実から遠い別の宇宙だ。空想にも悠久《ゆうきゅう》の歴史があり、架空の世界はこの世界の無限倍も広い。

僕は下北沢で貧弱な本屋を営んでいたことがある。お店の名前は「フィクショネス」。この小説集の原題（ficciones）から、無断で頂いた。

三遊亭円朝『怪談牡丹灯籠《ぼたんどうろう》』

さあここからは日本の小説。えこひいきでたくさん選んじゃった。

まずはなんといってもこれ。根津《ねづ》の浪人、萩原《はぎわら》新三郎と、旗本の娘お露《つゆ》の恋から始まる、未練と恨みの幽霊物語。恋しい人に会いたくて幽霊が鳴らす、カランコロンと下駄の音。男の部屋には幽霊退治のお札が張ってある、あれをはがしてくださいと、幽霊の出す百両の金に目がくらんだ悪党の伴蔵《ともぞう》が、ふるえる足をふみしめながら……。オットいけない全部書いちゃうところだった。

明治初頭の古い言葉も慣れれば味。連続ドラマを見るようにして一回ずつ読むのもいいだろう。

宮沢賢治『銀河鉄道の夜』

銀河のお祭りの夜、ジョバンニとカンパネルラが銀河鉄道に乗って旅をする……。宮沢賢治について、ことさら説明が必要だろうか。最も尊敬すべき日本人の一人、と言えば足りる。その多様な作品群の中でも、とりわけ感銘が深く、謎を残し、読むことの大切さを感じさせてくれる一篇を選んだ。

谷崎潤一郎『春琴抄《しゅんきんしょう》』

贅沢《ぜいたく》でワガママに育った盲目の娘と、その三味線の弟子の恋物語。

谷崎潤一郎は、誰がなんと言おうと、服を着飾り美食を楽しみ、いい家に住んでいい芝居を観《み》るのが、人間として上等なのだと信じて疑わなかった人である。貧相な暮らしをして文学を語るようなミミッチイ人生はまっぴらごめんと、自分自身が貧乏していた時でも思っていた。その信念が後世に残る圧倒的な名文を作った。これはその結晶というべき名品である。宝石は百万円出さなきゃ買えないが、小説の宝石は千円出せばおつりがくる。

三島由紀夫『潮騒《しおさい》』

伊勢《いせ》の海に浮かぶ小島を舞台にした、神話的な純愛。

ひたすら美しく、ひたすら清純で、生命力にあふれ、ひねりは何もない。

それでこれほどの名作ができるのは驚くべき技量である。気持ちがいい。部分的に顔が赤らんでしまうのは、読んでいる僕の心がゆがんでいるからである。

川端康成『みずうみ』

日本人最初のノーベル文学賞受賞者である川端康成の作品を、完全に無視するわけにはいかないだろう。個人的にも僕は川端康成の小説が異常に好きなのだが、どうしても世間のいわゆる代表作を、素直に挙げることができなかった。谷崎も三島も、誰もが知っている「代表作」を選んだのだから、ここではちょっとヒネらせてもらう。今でいうストーカーの話である。道で心をひかれる女性を見ると、ついて行ってしまう。気持ちの悪い男である。変態である。

主人公ばかりでなく、これは小説自体が変態と言うべきものだ。小説というのは、これがこうしてこうなったと、筋道立てて語られるのが当たり前のはずなのに、この小説はどこに連れて行かれるかわからない。エピソードは尻切れトンボ、まぼろしが唐突に現れ、ここでですか？　というところで小説は終わる。

「意識の流れ」とか「現実と非現実のあわい」とか、文学専門用語ではいろいろ論じられているようである。そんなことでも論じないと、モヤモヤが晴れない人もいるのかもしれない。

小説の自由、というものを、まのあたりにできる小説。

寺山修司『あゝ、荒野』

一九六〇年代の新宿を舞台にした群像劇。吃音《きつおん》で赤面症の健二と、荒々しい新次という、ポロボクサーを目指す二人の青年を軸に、「自殺研究会」の会員やゲイの中年男、話し相手を求めて夜の新宿をさまよう健二の父親などが、断片的に描かれる。

流行歌やテレビタレントを書くと小説が古びやすい、という小説作法の初歩を、寺山は平然と無視して、西田佐知子の歌や渥美清《あつみきよし》のセリフをバンバン挿入している。

この小説が出た一九六六年の日本では有名だったかもしれないそういった流行は、今や僕も知らないものになっている。それでもこの小説が今も生き生きとしているのは、やはり寺山修司という稀有《けう》な芸術家の才能だろう。

chikuma primer shinsho

ちくまプリマー新書309

小説《しょうせつ》は君《きみ》のためにある　よくわかる文学案内《ぶんがくあんない》

二〇一八年九月十日　初版第一刷発行
二〇二三年九月五日　初版第三刷発行

著者　藤谷治（ふじたに・おさむ）

装幀　クラフト・エヴィング商會
発行者　喜入冬子
発行所　株式会社筑摩書房
東京都台東区蔵前二-五-三　〒一一一-八七五五
電話番号　〇三-五六八七-二六〇一（代表）

印刷・製本　中央精版印刷株式会社

ISBN978-4-480-68334-2 C0295 Printed in Japan
©FUJITANI OSAMU 2018
乱丁・落丁本の場合は、送料小社負担でお取り替えいたします。
本書をコピー、スキャニング等の方法により無許諾で複製することは、法令に規定された場合を除いて禁止されています。請負業者等の第三者によるデジタル化は一切認められていませんので、ご注意ください。